霊能者
出雲佐代子の
霊は語る

The spirit speaks

出雲佐代子
IZUMO SAYOKO

願わくば、

この本を機縁として
あなたが
愛の力に目覚めますように。
あなたの光が
天に満ち、地に満ちますように。
神よ、私たちに無限の力をお与えください。

はじめに・神様の目

伊勢神宮がオススメ

筑波山の山麓に、ある夏、暑気払いに出かけた折のことです。

日本一長い直線道路といわれる国道から細い道路に入り、しばらく車を走らせたところで、緑の山並みと一面の稲穂の黄金色に出会いました。

もちろん、私は運転ができないので、友人に乗せてもらって出かけました。

空は深い群青色で、吸い込まれそうなくらい透明です。

そのとき、私の心は、緩やかに溶けるようにどんどん安らいでいきました。

この感覚は、以前、伊勢神宮と春日大社の磁場に触れたときの、鳥肌が立つときの感動に、少し近いものが感じられました。もちろん、筑波山は天狗信仰がありますから、霊域的には違うのですが、都会の雑念から抜け出してきたので、やすらいだ感覚をおぼえたのですね。

その印は、見えないけれど、実はしっかりとした霊域というものがあるんですね。

私のオススメは伊勢神宮です。

ぜひ、天照大神のおわします伊勢神宮にお出かけくださいね。

神の魚

詩人の坂村真民さんは、六〇歳くらいのときに、ある悟りを得たそうです。

それは、伊勢神宮の前を流れる五十鈴川でのことです。

川を前にして、立っていると、魚たちが、寄ってきたそうです。

「人を怖がらない魚がいる」

これが大きな悟りだったそうです。

神域を穢《けが》さないようにするために、おそらく昔から習わしとして、魚を獲ることも、害を及ぼすこともしてこなかったと思われますが、いつのまにか、魚たちは、人間を見ても、怖がることがなくなってきたのではないでしょうか。

神の魚は、人を怖がらないということなんでしょうね。

私の能力

私には、ふつうの方にはない能力があります。二〇代の頃に、その能力が開花しました。それ以来、その霊能者としての力を使って、たくさんの方の悩み相談をうけてきました。その数は、数万人になります。

時には、警察の方から、難問題の解決のために協力してほしいと申し出を受けることもあるのです。

この能力というか、そなわった力は、自分のために使ってはいけない。困っている方の手助けになるように、役立てたいのです。

これまで、様々な方と関わりを持ってきました。

私の願いは、その方々が、与えられた人生の問題を前向きに捉えて、本来備わっている魂を輝かせ、幸福になっていただくことです。

私の力は、それほど大きなものではないのですが、悩みに直面している人たちは、「藁《わら》にもすがりたい気持ち」で尋ねてこられます。

人にはやさしく、自分には厳しく

私になぜ、この能力が与えられたかというと、

- この世とあの世は、つながっている世界であること。
- 人は死んでも魂は存在し、生まれ変わるということ。
- どの人も神さまに愛されている魂であるということ。

これらを、問題解決の中で伝えることが私の大切な役割だと思っています。

悩みの渦中にある人は、自身の問題を乗り越えたら、次には家族や友人にやさしくすること。

「人にはやさしく、自分には厳しく」

これが、人生の最強の運転免許証なのです。

「他者へのやさしさ」という、前向きな人生を選びとれるようになったら、人生は好転し、すべての人は幸せになっていかれます。

そして、神さまは「人にやさしく、自分に厳しく」生きようとしている人を、いつも慈愛の目で見ていらっしゃるのです。神さまの目を感じてみましょう。人生は一八〇度の展開を見せることでしょう。

この事件さえなかったら、幸せだったのに

ここに、不可思議な辛い人生を送っている人々の姿を描いてみました。「この事件さえなかったら、幸せな人生だったのに」という方もいれば、これが私にとっても越えなければならなかった問題なのだと理解できた方もいらっしゃいます。

みなさん、縁を辿って、私のもとへ人生相談に現れた方々ばかりです。

私に、このような霊能力を授けて下さった神さまに感謝しています。

少しでも皆様のお役に立てるように、本書では、私がご相談させていただいた方の中でも、驚くようないくつかのお話をご紹介してみました。

神さまの目を感じながら、自分自身も神さまと伴にあることを自覚して、神さまのお役に立って下さいね。

そして、日々努力して幸せな人生を歩んでいただきたいと願っております。

神さまの目を感じてみましょう。
人生は一八〇度の展開を見せることでしょう。
神さまの目を感じながら、
自分自身も神さまと伴にあることを
自覚して、神さまのお役に立って下さいね。

この世とあの世は、
つながっている世界であること。
人は死んでも魂は存在し
生まれかわるということ。
どの人も神さまに
愛されている魂であるということ。

もくじ

私たちを守るたくさんの神さま

思いがけない災難は神仏からのシグナル

認知症介護を乗り越えて

愛するということを考えてご覧なさい

脳梗塞や認知症の人には やさしい言葉が第一

おわりに

編集協力／河越八雲

誰にも聞けない深刻なことを
霊能者に相談してみました

出雲先生の
心霊事件簿

心霊事件簿①

行方不明のタクシー運転手の捜索

ある未解決の事件です。
タクシー運転手の方が、
行方不明になってしまいました。
どんな事件に巻き込まれたか？
おわかりになるのでしたら、教えて下さい。
また、その方は無事でしょうか？

タクシー運転手が行方不明

日本交通千住営業所に勤務していたタクシー運転手Mさんが行方不明になった事件がありました。

テレビ局の方から、Mさんの居場所を探したいというお話があって、最初に霊視したのは当時住んでいた札幌の私の自宅ででした。

いつも霊が関係することの場合には同じようなことが起こるのですが、まず、最初にMさんに関係のある場所がパッと見えてくるのです。

まるでテレビの画面のようにはっきりと見えます。

事件は夜に起こったらしく、見えた絵はかなり暗く、いちばん最初に出てきた絵は、車を運転している彼が誰かに首を絞められているところでした。

運転席の背後にはガード用のプラスチック・ボードが見え、その脇の方から、誰かがのしかかろうとしているのが見えました。彼は苦しがってもがいていました。

それでタクシー車内の事件だと判断したのです。

民放番組の捜索に協力

次に、彼が事件に巻き込まれたとしたらどこか、その場所を探しました。

民放の番組のなかで、私がMさんの居所探しをしたのです。

が、結局、残念ながら何も出てきませんでした。

彼は

「殺されて、埋められた」

そう、言っています。

そこで、彼が埋められていそうな川べりを探してみたのです。

私はもちろん、スタッフの方たちもみんな普通の靴しか履いていませんでした。その場所は、足がずぶずぶめり込んで危険なので、川の岸辺までは探せなかったのです。

あの日、番組で放送した土地の近辺に、Mさんがいらっしゃるのは確かなので、彼に、

「どんなことでもいいから手がかりになることを教えて」

と何度もお願いしたのですが、

「大工さんに関係のあるもの、そのようなものがある場所を掘ってほしい」

と言うだけなのです。

大工さんというから、金槌かなと思ってみたり…………。そんなものが何か落ちていないかと探しましたら、大工道具を入れる布袋が落ちているのが見つかりました。でもそれだけでは手がかりとしては弱かったのです。

Mさんが埋められていそうな場所を、テレビでは一カ所しか放送されませんでしたが、本当は二カ所掘ったのです。

でも、Mさんに関係するものは出てこなかった。

とても残念です。

黒っぽい古い家と駅

調べていると、テレビの画面ではカットされていましたが、古くて黒っぽい家があって、その前を道路が走っているのが見えます。夜のようで、あたり一面が真っ暗です。ただ、その黒くみえる家の屋根の上には黄色の看板かマークのようなものが見えたのです。

もともと古い家なのか、古い家を建て直したのか、そのときは画面が暗くてわかりませんでしたが、その家の造りがモダンにも見えたのです。

さらに次の絵が見えてきました。

駅です！

駅が低いところにあって、その後ろに電車が走っています。

何か駅の名前らしいものが見えたのです。

局のスタッフの方に、向こうに見える山々、黒っぽい家と屋上の黄色い看板のようなもの、電車などの配置状況を説明しながら、

「鴻巣駅はこんな駅ですか」

と聞きましたら、

「違います。鴻巣の駅はもっと大きくて、そんな駅ではありません。そんな駅はありません」

という言葉が返ってきました。

札幌で霊視をしたのはそこまでで、埼玉まで行けばわかるのではないかと、上京することになったのです。

必要な情報を映し出してくれる霊

霊は必要な情報をテレビの画面のように映し出してくれます。ひとつが消えると、次の絵がまたパッと現れ、見ようと意識するとそれが連続的に出てきます。

いま自分が知りたいと考えている場面が出てくるのです。

また、私は霊に対して、「必要なことであれば、何でも知らせてほしい」と念じてお願いします。

霊と会話をしようと思うと、霊はいつでもどこでも来てくださいます。霊との交流は霊界の霊の波長の伝達によって行われ、霊は瞬時に訪れます。

ですから、私にとって霊との距離感は、あってないようなものなのです。

私の場合、この方のために霊を見ようという意識がなければ霊は見えてきません。いいえ、見ないようにしております。何の用もないのに、霊を連れて歩くのは霊に対しても失礼だと思います。

たまには霊がひとりでに見えるときもないではありませんが、頼まれたこと以外は口外しないようにしています。

私自身、興味本位で他人のことを調べるのが嫌ですので、問題解決を前提にするときだけ霊を見るようにしていますし、霊に念じます。

札幌から上京して調べた

行方不明のMさんの手がかりを求めて上京しました。

鴻巣駅に行く前にMさんが勤務していた日本交通千住営業所にも行ってみました。営業所のロッカーは彼が失踪した当時のままになっていました。衣類など愛用していたものに霊がつくことがありますから、そのロッカーの近くにいるだけで霊気を感じます。

彼の衣類に触ってみますと、本人は戻ろうという意識が強く働いていたということが、すぐに手にとるようにわかりました。

さらに戸外に出て、最後の日の出勤に使ったオートバイがそのまま事務所の前に置かれてあったのでそれに手を触れてみると、川べりが見えてきました。川があって土砂が削り取られている場所です。

とにかく、その場所にたどり着けるまでの経路が全部読み取れましたので、それに従って車を走らせてみようと出発しました。

スタッフの車に乗せてもらって、鴻巣駅の近くまで行ったのですが、

「これがあの右にカーブしている道路。あの家。看板もある。あの土手よ」

次々に記憶に刻まれた絵のとおりにたどっていくと、まったくそのとおりだったのです。

黒っぽい家はマクドナルドだった

札幌で見た暗闇のなかの黒い家は、マクドナルドでした。

上に黄色い看板がついています。

家が黒く見えたのは夜の絵だったからで、それ以外は屋上の黄色い看板も、その前を走る道路も、その先に見えた鴻巣駅のホームも霊視した情景とピッタリでした。

駅に電車が入ってきました。

スタッフの方に、

「この絵ですよ。ここですよ」

と言って、Mさんが最後に訪れた場所を確定したのです。

さっき見えた川も荒川だということがわかりました。

川べりに沿って行きますと、私がバイクに触ったときに見た景色がまったく瓜ふたつに見えてきたのです。

彼方に見える秩父連山の色までがそっくりそのままです。

「ここですよ。きっとこの辺りですよ」

そう言ってスタッフといっしょにMさんが埋められている場所を探しました。掘ったのは時間にして一時間ほどだったでしょうか。

右手が上下し、振動する

Mさんがたどったであろう場所にくると、私の右手が自然に上下して振動しだします。

強烈な霊気を感じるのです。

きっと、本人が私たちスタッフといっしょに歩いていたのでしょう。

霊が来ていないときには手が動きません。手が動いているときには、霊が来ている知らせです。何か霊的に感じだすと手が動くのです。

霊とのコンタクトがとれると自然に右手が動き、それは神さまが私に何かを知らせてくれるときなのです。

天照大神さまをお頼りしている

私はいつも天照大神さまを頼りにして調べたり、直接的に問題に関わる霊に聞いて調べたりします。

情報を受けるのが、神さまなのか霊なのかは、そのときの状態によっていろいろ違ってきます。

その神さまや霊が私に情報をくれるときには、ごく自然に
「絵として見せてくれたり」
「話しかけてくれたり」します。

神さまや霊が話す言葉は、ほとんど生きている人と同じような感じです。

私の耳にはごく普通に、さーっと入ってきます。

ですから、霊が苦しがっているときには、「苦しい」といううめき声が自然に聞こえてきます。

埋められている場所が見えてきた

Mさんが埋められている場所については、札幌にいたときすでに調べたのです。それによると、埋められている場所の左手は、ゴルフ場のように手入れをされている広々としたきれいな緑の草原のようになっていました。

そして、一方が土手か崖のようになっていて、下を川が流れています。

川の近くに桜に似たような木があり、木の下には葉っぱが落ちていました。桜ではないのです。木には青々とした葉っぱがたくさんついていて、その木の根っこのところにMさんが黒っぽい服を着て、うずくまるようにして座り込んでいました。

寂しそうな、もの憂い顔でした。ちょっと具合が悪そうにも見えました。

実際に車でその場所に行ってみると、一面に広がるゴルフ場のような場所は麦畑でした。土手が崖のようになっていて、桜のようだと思った木もあり、札幌の自宅で調べたのとまったく同じでした。

ところが、その木のそばにうずくまって座っているはずのMさんはいません。

何かを感じるのですが、そんなに強くは感じないのです。

霊がそこにいたのではないか、そのあとでどこかに動いたのではないか、そのように推測されます。

「情報を教えて」と霊に頼む

彼がたぶん最後に立ったであろう場所にスタッフといっしょに立ち、Mさんの霊に情報がほしいとお願いしました。

「もし、あなたがこの辺りで何かがあったのなら、教えてね。どんなことでもいいから。どんなことだったの。私にできることだったら何かしてあげたい。たぶん、あなたの願いに近いことを何かしてあげられるから。何か見えるものはない？」

すると彼は、「そんなに太くはないけれど、同じような木が二本生えている」と言うのです。

「あと、何かないの」

「小屋みたいな家が建っている」

「この辺りなの」

「うん」

すぐそばに確かに彼が言うとおり、小屋のような家が建っているのです。

警察に言ってくれ

彼の言っている「同じような木が二本」というのもあります。その辺りを集中的にずいぶん探したのですけれども、残念ながら反応は鈍いのです。

「警察に言ってくれ。警察に言ってくれ」

そうMさんは、ものすごく哀願するのです。

「警察に言うには、何かしら手がかりがなければ受け付けてはくれないのよ。何かひとつ、手帳でも手袋でもあったら教えて。そんなものがあれば警察にだって届けてあげられるんだから」

どんなに聞き出そうとしても彼はそれ以上言ってくれません。

霊としては助けてもらいたい気持ちでいっぱいなのですが、殺されたままの状態つまり、成仏していないわけですから、高級霊になっている霊と違うのです。

私のほうが無理やりに聞いているのです。

彼にすれば一生懸命に話してくれたのだろうと思います。

Mさんはよく話してくれました。

荒川の土手を探して、たどり着かず

殺されたのがよほど悔しくて、何とかして犯人を見つけてほしかったのだと思うのです。

結局、Mさんを発見できませんでした。

彼の霊によると、

「タクシーを運転している最中に後方から首を絞められて殺され」

「荒川の土手の一角に埋められている」

ということは、間違いがないようです。

いずれ、何かの手がかりが発見されることでしょう。

霊は、必要な情報をテレビの画面のように映します。
ひとつが消えると、次の絵がまたパッと現れ、
見ようと意識するとそれが連続的に出てきます。
霊と会話をしようと思うと、
いつでもどこでも来てくださいます。
霊との交流は霊界の霊の波長の伝達によって行われ、
霊は瞬時に訪れます。
日頃の、心の自己鍛錬が大事です。

心霊事件簿②
夫が前世に関わった女性が妻に乗り移って

奇々怪々なことが起こるんです。
知っているはずもない自分の夜の行動の細部を、
帰宅すると
妻が全部言い当てるのです。
どうしてそんなことができるのか、
教えて下さい。

奇々怪々なことが起こる

東京のテレビ局に勤めている知り合いの三〇代の男性です。

よくいっしょに食事をしたり、大勢でわいわい騒いだりする相手なのですが、あるときふっと彼が、

「不思議なことってあるもんですね」

と言うのです。

彼はふだんからとても陽気な性格で、真剣な表情など似合わない人なのですが、そのときだけはかなり真面目な顔をしていました。

「どうしたの。何かあったの」

「いやぁ、こんなことってあっていいのかなあ。奇々怪々なことが起こるんですよ」

聞きましたら、知っているはずもない彼の夜の行動の細部を、帰宅すると奥様が全部言い当てるのだそうです。

「今日は、こういう名前のお店に行ったでしょう」

「今日は、こんなお店に入って、こんな名前の女性を相手にしたでしょう」

など、言われるのが全部ぴったりなのだそうです。

「そんなことはないよ」

と、そのときはごまかしてはみたものの、どうにも気味が悪くて仕方がありません。

尾行しているのか

最初のうちは、奥様がだれかを頼んで、自分を尾行しているのだと思っていました。というのは、奥様がどこからその情報を入手したか、どうしても言ってくれなかったからです。

数日して、奥様がしぶしぶ白状したところによると、何度か電話がかかってきて、

「お宅のご主人は、今こんなお店にいて、こんなことをしてる」

「こんな名前の女性と仲よくしている」

と、頼みもしないのに子細もらさず報告されるのだそうです。

奥様は電話をくれる相手にはまったく心当たりがないと言います。

それからというもの、彼は行動を自粛したり、どうしてもつき合いがあるときには、気味が悪いのでいつも後を振り返ってみて、そんな気配がないかを確認しながら行動していました。

タクシーに乗るときにも、ダイレクトに目的のお店に行かないで、何度か乗り換えるといった面倒なことまでしました。

胸ポケットの紙切れ

ある夜のこと、バーの女の子が自分の名前と電話番号を書いた紙切れを、彼のスーツの胸ポケットにそっとしのばせたらしいのです。

彼はかなり酔っていたこともあって、そんな紙切れなどまったく記憶にありません。そのお店に行ったときだって、だれかに尾行されるのが嫌で、何回かタクシーを乗り継いでいるのです。

ところが家に帰ってみると、また奥様が言い当てるのです。

「あなた、胸のポケットに女性の電話番号が入っているでしょう」

胸のポケットにそれとなく手を入れてみると、たしかに入っています。そんなこと、彼自身まったく知らないのに。

「これはふつうのことではないな」

と、そのとき思ったそうです。

前世に関わった女性の霊

彼に打ち明けられて調べてみたのですが、彼が前世に関わった女性がぽっと出てきました。前世に関わった女性が、実は奥様に乗り移っていたのです。

《このままでは、彼の生命に危険が及ぶ、殺される》

と、イメージが出ていましたから、その前世の女性の供養をしてあげました。

前世に関わった霊が、あるとき突然憑いてしまうことってあるのです。

前世に彼が関わった女性の声は、奥様にだけ聞こえます。

奥様に憑いているからなのです。

実際に電話はかかってくるのです。受話器を取って会話をするのですが、それは奥様だけに聞こえるのであって、周囲の人にはだれも聞こえていないのです。

ですから現実界でほんとうに電話をしているのとは違うわけです。

奥様にしか聞こえないのですから。

これは霊界からの霊波によってくるのです。

奥様もまたとくべつ霊に感じやすい方なのでしょう。

それにしても不思議なことですね。

神様の目

霊は霊障を起こして抗議する

テレビ番組を制作したり、霊に関する本をたくさん書いている方は、それだけ霊との関わりが多いだけに、注意を必要とします。

もし興味本位で霊を扱ったり、金儲けだけに走ったりすると、霊障になることもあります。

ほんとうに霊のためになるものであれば、ぜったいに霊障など起こすはずはないのですが、制作する上での基本的な姿勢が、不真面目で、奇をてらい、面白おかしく演出し、わざとショッキングに作り話をこしらえ、おどろおどろしいことだけを求めていると、霊は霊障を起こして抗議します。

霊にとっては面白おかしくしてもらう必要などないのですから。

自分を救ってもらいたいから出てくるだけで、欲得や好奇心だけに取りつかれて番組を制作したり、本を作ったりすると、抗議をし、文句も言います。

また一方で、霊能者自身が自分に関わっている人たちに、霊が取りつかないように注意してあげるべきです。

それをしなければ、ひょっとして霊障を起こすと気の毒です。

そのためにも、私はいつも関わりをもった方々のために、帰られてから、かならずお経をあげて除霊をするようにしています。

そして、心がけとして大事なことは、何度でも言いますが、

「人にやさしく」「自分に厳しく」するということです。

心霊事件簿③
テレビを見ていておかしくなった

テレビの番組を見ているうちに、霊に敏感な方に霊が入ってしまったのです。番組を見ていたら苦しくなって七転八倒しはじめたらしいのです。

局の方から電話をいただきました。

「どうしたらいいかわからない」

七転八倒する視聴者の方

前にお話しした失踪したタクシー運転手・Mさん探しのテレビをたまたま見ていた視聴者の女性の方です。

かなり霊に敏感な方なのでしょう。

テレビの番組を見ているうちにMさんの霊が彼女に入ってしまったのです。

まだ四〇歳に少し前の方でしたが、その番組を見ていたら苦しくなって七転八倒しはじめたらしいのです。

局の方から電話をいただきました。

「どうしたらいいかわからない」

とおろおろしています。

Mさんの霊が、

「わかってくれ。首を絞められているから苦しい。自分は木の所に引っ掛かっているから」

と、その女性に訴えたらしいのですね。

放送局のあわてぶり

局の方もそれを聞いて震えが止まらなくなり、そのあわてぶりが電話を通して伝わってきます。

それで私は

「ご家族の方からでも私に電話をしていただければ、一分か二分で治めてあげられますから」

と言って、ご家族のお電話を待ちました。

すぐに彼女のご主人から電話がきました。

その電話の向こうから、

「苦しい、苦しい」

とうめいている奥さんの声が響いてきます。

そのもがきようといったらすごいのです。

「ちょっと、そのままの状態で待っててくださいね。すぐ治まりますから」

「一、二分でよくなりますよ」

私はMさんの霊が彼女から離れるように念じました。

一、二分の間、私が念じると、それだけで憑依した霊は離れてしまいます。
「またおかしくなったらお電話ください」

と言って電話を切りました。

霊界への波長がすごく強かった

彼女からMさんの霊を離してあげるのは簡単です。

私が住んでいる札幌と彼女のいる東京の間には、すごい距離がありますけれど、こんなときでもすぐに治してさしあげられます。

東京からはそれきり電話がなくて、あのあとどうなっただろうなと心配していましたら、二、三日してから当の本人から電話が入って、私が治療したあとすぐにケロッとしたそうです。

「すぐに何ともなくなりました。これまでもテレビを見ておかしくなったことが何回かあったんですよ」

この場合、彼女の霊界への波長がすごく強かったのですね。

彼女の家は、テレビで放送した現場の近くにありましたから、なおさらだったのでしょう。

直接現場にいるいないに関わらず、テレビの放送を見ているだけで、このように霊に取りつかれてしまう人もいるのです。

霊はわかってくれる人であれば、どなたにでもすがりますから、彼女の場合も、ふっとした瞬間にMさんの霊が入り込んだのでしょう。

神様の目

霊の姿

霊は、亡くなったときの状態のままで出てくることが多いのです。

たとえば、海水浴中に亡くなった霊ならば、海水パンツひとつで裸だったり。そのときの霊の衣服から亡くなった状態がわかります。

病院で亡くなったら寝巻のまま、パジャマのままの状態です。

霊がお棺に入れられたときの白装束で見えたことは一度もなく、亡くなった状態か、またはふだんその人がよく着ていた服装で出てきます。

お棺の白装束は生きている人が最後に着せるもので、亡くなった人が望んでいるものとは違います。

霊はふだん生活をしていた状態の衣服、または亡くなったときの状態の衣服で私には見えます。たとえば、芸者だったら妖艶な着物姿です。

そのような霊が見えたとき、

「あなたのところで、芸者さんのようなお仕事をしていた方がいらっしゃいませんか。その方の霊があなたにすがっていますけれど」

という言い方で聞くのです。すると、

「ええ、亡くなった妹が芸者をしていましたよ」

と答えてくれますから、どんな霊が訴えて出ているのかがすぐわかるのです。

心霊事件簿④
五年間行方不明の娘

別な質問や、
ご相談からはじまるケースもあります。
霊の姿や声から、真なる悩みへと導かれます。
本件は、五年間行方不明だった娘の霊が
語りはじめたことで、
事件の真相が明らかになっていった例です。

海に落ちて……

ご相談にみえたのは四〇代の女性でした。

その方を調べていると、若い娘さんが自動車で岸壁から海に車もろとも落ちていくのが見えてきました。

その娘さんはとても苦しがっているのですが、でも海に落ちておぼれて苦しむというよりは、むしろ首を絞められて苦しんでいます。

それでご相談者に聞いてみました。

「だれか海に落ちてなくなっている方はいませんか」

「実は、二二歳になったばかりの娘が五年間行方不明だったのです。最近になって小樽の岸壁から車が発見されたんです。車は運転していたボーイフレンドのもので、娘もいっしょに乗っていたと確認されました」

五年前の、夜も一一時という遅い時間です。ボーイフレンドが娘さんのところに訪ねて来て、その彼といっしょに出ていったきり行方不明になっています。

ご相談にみえたお母さんの用件は別のことだったのですが、調べているとどうしても娘さんばかり出てきます。

女性の亡くなり方と、男性の亡くなり方の違い

車を運転していた若い男性は海に落ちて亡くなった感じがするのですが、若い娘さんのほうは海に落ちる前に亡くなっているように見えています。

「これは警察沙汰になっていないけれど、殺人事件だと思う」

「娘さんはどこかで殺された感じで、殺されてから海に落ちていますね。だって、首をかきむしってものすごく苦しんでいるのが見えるんです」

「亡くなった彼女を連れて、彼が海に飛び込んだのではないかしら」

私がそのように言いますと、母親は、その頃のことを思い出しながら、涙ながらに次のように話し始めました。

「娘がいなくなった夜、あれはたぶん一一時ころだったと思います。

おつきあいしていたボーイフレンドが娘のところに来たんです。娘はもう寝るところでしたからパジャマ姿でした。彼が来たので急いで服に着替え、外に出て立ち話をしていました。そのふたりの姿を見てから、お風呂に入ったのですが、上がってみるともういなかったのです。ベッドにパジャマをほうり投げ、そのまま出ていったらしいんです。

外出して遅くなるとかならず連絡する娘でしたが、その夜は電話ひとつなく、心配でまんじりともせず夜を明かしました。朝になってから彼の家に電話をかけましたら、やはり帰っていないとのこと。

それから五年間、ずっと娘を待ちつづけました。どこかで元気に暮らしていてほしい、ただそれだけを祈っていました」

知り合いの霊能者に「娘さんは生きている」と言われた

いずれ連絡があるだろうと待ちに待ってもなしのつぶて。何度も知り合いの霊能者のところに聞きに行きました。そのたびに、

「娘さんは生きていらっしゃる」

と言われ、そう信じてきたと言うのです。

ところが最近になって、小樽の埠頭から引き上げられた車があるとの警察からの連絡がありました。

ボーイフレンドのお母さんといっしょに現場に行ってみたところ、遺品から娘さんの死亡が確認されました。

そのとき、彼のお母さんの発言に何か不審を覚えたと言います。

警察でいろいろ聞かれたときに、彼のお母さんは次のように言ったのだそうです。

「行方不明後の一カ月間は、息子は生きていたと思います。直接連絡はなかったのですが、いなくなった翌日には会社の書類や家の印鑑、預金通帳などをもっていった形跡があって、それらがあとで玄関に置かれてあったんです。

それからも私の留守中に家に戻っていたようで、預金通帳からは何度かお金が引き出されていました。いなくなって一カ月後にはぷっつりそれもなくなりました」

「娘さんは生きている」と前から霊能者の知り合いや彼のお母さんにも言われており、半信半疑ながらそれを信じていましたから、海から引き上げられた車に娘の形跡が発見されたと聞いたときはショックでした。まさか亡くなっているとは考えてもみなかったそうです。

「ちょっと散歩に行こう」

結局、車の持ち主が判明した時点で、警察では事故死と断定しました。あとになって冷静に考えてみると不思議なことばかりだけれど、ご相談者にしても、そのときは娘さんが死んだ、もう会えないという悲しみにぼーっとしてしまい、警察でボーイフレンドのお母さんの発言の不審をただす気持ちの余裕がなかったと思います。

何しろ五年も生きていると信じてきましたので、突然、娘さんが乗せられた車が出てきたと言われても動転してしまい、それどころでなかったのです。

「あとになってからでも、どうして警察に行かなかったの」

と私が聞きましたら、彼女ははっきりと言いました。

「警察に届けても、娘は戻ってきませんから。私は娘は殺されたと思っています」

娘さんの霊と話してみた結果からも、これは殺人事件だと言えます。娘さんは車のなかで首を絞められて殺されています。

「あなた、どうして彼について行ったの」

「『ちょっと散歩しよう』って言われただけだから、何となくついていったの」

「命を失ってしまって……。どうして殺されたの」

霊は殺されたことをはっきり言わないこともある

彼女は黙って下を向いてしまいました。返事をしないのです。

「いつまで生きていたの。次の日まで生きていたの」

「違う。あの夜、すぐ……」

「車で海に落ちて死んだの」

「わからない」

このように、霊は殺されたことをはっきりと言わないのがふつうです。

多少でも愛が残っていたのでしょう。

殺した相手をかばいたがるものなんです。

でもお母さんが私のところにみえたのは娘さんの一件ではなく別件でしたから、私の霊視に娘さんが出てきたということは、よほど殺されたのを訴えたかったのでしょう。

たぶん、その男性は殺した彼女を車に乗せて、一カ月間はあちこちうろうろし、それから処置に困って車ごと海に飛び込んだのではないでしょうか。

娘さんのお母さんにすれば殺されたという意識が強いですよね。

その証拠にこれまでも、何か問題が起こると彼は彼女の首を絞めていたらしく、それも一度や二度ではなかったようで、それを知ったお父さんは、彼と絶交するようにきつく注意していたそうです。

水で亡くなった方の霊、火で亡くなった方の霊

この娘さんは首を絞められて亡くなった後に、水に入っていますが、一般に水で亡くなった方で成仏していない仏さまは、異常な寒さに震えています。

この娘さんは水死ではありませんが、五年もの長い間水につかっていましたから、水死と同じ状態です。

たとえ交通事故による無残な即死であっても私に伝わってくる霊の状態は、水死ほどひどいものではありません。

水死の仏さまはひどい苦しみ方をしますから悲惨そのものです。

ちょうど火事で亡くなって成仏できない霊と同じような苦しみです。

火で亡くなった仏さまもまた、熱がってもがくというよりむしろ、発狂に近い状態で苦しみますから、見るに見かねます。

温かな飲み物、慈愛の気持ちを供養

また、事故死でも自殺でも、真夜中の真っ暗闇の海で亡くなっている仏さまが出てくるときには、とくにかわいそうです。

明りひとつ見えない暗黒の世界に、仏さまもまた真っ暗い闇に染められて、体全体からしずくを落としながら海上に立ち上り顔を見せるのです。

ほんとに気の毒で言葉になりません。

仏さま（亡くなった人）を調べていて、そのような仏さまに出会うときが、いちばんつらいですね。

さて、このボーイフレンドに若い命を奪われた娘さんのご供養ですが、五年もの長い間水につかっていたこともあって、すごく寒がっていました。

まず、温かい飲み物、若い娘さんですから、ホットコーヒーとかお紅茶、お茶などを供えると喜ばれます。

「このままでいると、お母さんもつらいし、あなたも苦しいのよ。もう死んでしまったのだから、これからは安心して成仏への道を歩いてね。ご供養してあげるから」

するとと表情も少しは和んできます。

私はこの方のご供養を月に一回ずつ、三カ月行いました。（個人的には先祖の供養はきちんとした磁場のあるお寺や宗教施設で行うのがよろしいでしょう。それが、霊が安らかに成仏する方法であるとご理解下さい）。
もう大丈夫。安心して成仏の道を歩いています。

五年間、
ずっと娘を待ちつづけました。
どこかで元気に暮らしていてほしい、
ただそれだけを祈っていました。

神様の目

生まれ変わり

人間は何度か生まれ変わっていますが、私が最初にだれかの前世を見るときには、いちばん近い前世を見せてもらっています。再度見るときには前々世を見るといったこともあるわけです。現在にもっとも近い前世が、いちばん深く今生（こんじょう）に関わっています。

生まれ変わりはたいてい何百年単位です。大変早く生まれ変わる人は、よほどの徳があるか、現世に特別に必要とされている人間、この世に送り出さなければならない人間でしょう。私がこれまで見てきた体験では、二百年くらいはかかっています。よく、亡くなった子どもが隣村に生まれたなどという話もありますが、そのようなことはないでしょう。一度、明治維新の頃の方の生まれ変わりを見たことがありますが、その方が私の見たなかでもっとも早かったですね。

ある有名スターは、前世で人を裁く仕事に携わっていました。五百年ほど前ですが、とても威張っているのが見えてきます。ムチをもち、ものすごい大きい声を張り上げ、弱い人をたたきのめしています。裁かれている人は砂利の敷きつめられたところに無残にも転がされています。

刀は使っていませんが、長い棒をもってだれかを懲らしめています。たぶん、何かを白状させるためのおしおきの場です。怒鳴っている声の大きさといったら、耳をつんざくほど。前世の彼は、背丈はあまり高くはなく、痩せて、丸顔です。

因果応報

私に見えているのは、前世での彼が三〇代といったところです。

人間が人間を裁くのは、決して正しい行いではありません。

現代ではそんなことはありませんが、昔は人を裁くのは殺人に等しいと受け取られていた時代があります。

江戸時代になってからでも、裁判のことを公事といって民事訴訟が起きると公事師という人が活躍し、訴訟の代行をして礼金を取っていました。

この仕事でさえも当時は人を裁くということで、みんなに白い目で見られ、軽蔑されていました。

理由がどうあろうとも、とにかく人を裁くのはよいことではなく、また一方の裁かれた人の怨念は消えるものではありません。

その怨念が現世の彼への因果応報となって出てきています。裁かれた人たちの怨念によって、彼もまた裁かれる運命にあるのです。裁いた立場が、裁かれる立場に変わるのはよくあることです。

ご家族の方みなさんが彼の前世での因果と関わってきているだけに、その因果をきれいにしなければなりません。

因果応報とよくいいますが、前世での生きざまがそのまま現世につながり、来世までついていきます。

前世で人を裁いていたその有名スターの奥さんを調べてみますと、前世でもやはりご夫婦です。ご自分をあまり表には出さない穏やかで落ち着いた感じの方です。いつもご主人のそばにいて、現在の雰囲気ととても似ています。とても頭のいい方です。

このご夫婦はぜったいに別れられない宿命になっていますし、来世にもご夫婦となって関わってくるのではないでしょうか。このように前世で夫婦であった人同士が現世でも夫婦になるのはよくあることです。

心霊事件簿⑤
大スターの因縁

大好きなスターが亡くなりました。
先日、夢に出てこられました。
一時は、秘書みたいな形で、
お世話もしたことがあるので、
いまどうなさっているのか
とても気になります。調べてくださいますか?

つらいけど、たったひとり

その方に頼まれて、だれもが認めるトップ女優を調べたことがあります。

ところが、その方の霊は、霊界でまだ成仏できずに病弱のまま体を折り曲げた状態でいるのです。

体のどこかが痛いのでしょう、苦しんでいます。

頬がコケてしまって弱々しく、ひとことも話してくれないのです。

「何かつらいことがあるの?」

と話しかけてみたのですが、まったく返答してくれません。

つらいけれども、たったひとりで我慢しているといった感じに見えます。

ご家族だけでなく、たくさんのファンからも心からご供養されているのに、どうして成仏できないのでしょう。

さらに調べてみますと、伝わってくる感じでは、彼女はとても恨んでいる人がいます。

だれかを恨んでいる

それがだれなのかはわかりません。

問いかけてもぜんぜん話してくれないのですから。

ざっと眺めただけなのですが、恨んでいる相手は女性のようです。

ご自分の命を落とす原因に関わった人かなあ、そんな感じが伝わってくるだけです。

その相手に対する悔しさがいっぱいなのですね。

そして心の苦痛と肉体的苦しみがいっしょになって私に伝達されてきます。

どんなに恨んだとしても、今さらどうすることもできないのですから、成仏していただくためには彼女を説得するしかありません。

少しずつでも説得をつづけて心を開いてもらわなければ、なかなか成仏できない状況にあります。

この方の身内もまた若くして次々と亡くなってしまっています。

それを調べてみますと、原因はご先祖にはあまりなく、また前世による因縁でもありません。

これはずばり地縛霊によるものです

現在の家が建っている土地が問題です。

その土地はかつて武家屋敷だった場所で、当時、その家で生活していた女性が、だれかをものすごく恨んで死んでいます。

髷《まげ》を結い、緑色の小紋のような着物を着て、年のころは二〇代後半から三〇代というところでしょうか。

美しい上品そうな女性です。

昔の方にすると小柄ではなく、ごくふつうの体型です。

敷地内には井戸があったはずで、その井戸で水を汲み上げています。

古い武家屋敷の雰囲気全体は外気を入れない感じ、閉ざされて陰湿な感じがします。

地縛霊になっている女性はとくに男性に対して怨念を抱いており、許せないという思いでこの世を去っていっています。

それが、大スターのご家族の男性の生命を若くして奪った一因と考えられます。

土地を購入したら、地縛霊を浄めてほしい

この大スターの方の土地についた因縁を浄化するには、何百年も前からつづいている怨念であるだけに、何回も土地供養をつづける必要があります。その地縛霊はたとえ引っ越ししても、また新しい土地についてきそうなほど、大変に強い怨念を抱いているからです。

その地縛霊によって次々に肉親が亡くなっています。

地縛霊だけその土地に残して、ご家族だけが引っ越すというわけにはいかないという怨念、これほどに強い念はめったにありません。

さらにその家がもっているご先祖の因縁として気になるのは、ご先祖は並外れて頭のよい家系だったのですが、家族仲がよくはなかった点です。

そのご先祖の因縁と地縛霊が、がっちりとくっついてしまって不幸をもたらしています。

このような土地に必然的に住まざるを得なかったのでしょう。

お宅に行って外観を見て、家のなかに入って調べるともっとたくさんのことがわかるはずです。実際にその場所に行ってみると、伝わってくるものがかならずあるから

です。

地縛霊によって悩まされる人

新たに土地を購入するときは、慎重に調査したいものです。それまで平和だった家族であっても、悪いことがたてつづけに起こったりすると悲劇ですから。

土地を購入したとき、地縛霊を浄めるもっとも簡単な方法として、お酒で洗い浄めるとよいでしょう。

お塩もいいのですが、大地にはあまり浸透しませんから、お酒をまきながら、もっとも大事な隣の家との境界線をいちばん先に洗い浄め、そのあとで真ん中を浄めていきます。

大きいお屋敷だと一升のお酒でも足りないかもしれませんね。ずーっと洗い浄めていくその心が、かならず土地に浸透していきますから、地縛霊も浄められます。これならば素人の方でも簡単にできるでしょう。

この方法以外では、神主さんを呼んで地鎮祭をすることです。

ただ神主さんといっしょに地鎮祭に出席することがありますが、ほんとうに力のある神主さんは数が少なく、魂がこもらないといった経験をたくさんしています。

新興住宅地が多い

最近、地縛霊の多いのは新興住宅地です。

もとその地主さんだったろうと思われる地縛霊のおじいちゃんやおばあちゃんたちが、四つんばいになって土地が売られていくのを阻止しているのによく出会います。売られてしまった後でも、土地にしがみついて離れない地縛霊を見ていると、つらい思いでいっぱいになります。そのような地縛霊が自分の土地から新参者を追い出そうとして霊障を起こすのです。

自分たちが骨身を削って働いて手に入れた土地を手放したくないのでしょう。代が替わるとお金のためにそれが動いていきますから、おじいちゃんたちにすると耐え切れないのです。

新興住宅地に殺人事件が多いのも、地縛霊の念がそうさせていると思います。

地縛霊に取りつかれているのではと気になりましたら、気になる場所にお塩とお酒をまいて浄めてください。それだけでも効果があります。
手強い地縛霊については、除霊のできる専門家に依頼するほうが早いですね。

地縛霊が自分の土地から新参者を追い出そうとして霊障を起こす

神様の目

好いことも悪いことも一〇倍の世界

神様の目は、私たちの動きを瞬時に察知します。

私たちには計り知れないそのセンサーが働いて、人々の尊い考えと、尊い行動を瞬時に見つけてくださるのです。

例えば、道に迷っている人に親切にしたり、困っている人に優しくしたりすることがありますね。

私たちは、ごくごく普通のことと考え自然にからだが動くのですが、神様の目には、普通には映りません。

それは、とてもとても素晴らしいことだと思われるのです。

この世とあの世では、実は一〇倍の世界と聞いたことはありませんか？

良いことは一〇倍に、悪いことも一〇倍に、増幅されるのです。

困っている人に、手をさしのばす行為は、あの世では一〇倍に尊いことなのです。

素直な人こそ成功者です。

神さまの言う通りに生きる人こそ、最強なんです。

神様の目を、感じてみましょう。幸福の道は、自分の心の中にしっかりとあるのです。発見と感動のある人生がそこにあります。

心霊事件簿⑥

災難続きのご夫婦

災難続きなのです。調べて下さい。
主人が今、刑務所に入れられています。
主人はちっとも悪いことをしていないのに、
ダマされた形で入れられているんです。
起訴になるかどうか心配で心配で。
どうなるでしょうか

ある催しが失敗して

以前、S市で「食の祭典」が開催されたことがあります。

「料理の味が値段に見合わない」

という口コミによる人離れにより、開幕からほどなくして会場は閑散となり、最終的に約何十億円にも及ぶ赤字を出し、県の財政に打撃を与えました。

あの催しが失敗してから、いろいろな事件が噴出して、たくさんの人が逮捕されたのです。関係者から自殺者を出す騒ぎにまで発展し、「ショックの祭典」とも揶揄されました。

関係者の方からのご相談

そのなかのひとりだった方の奥さんが私のところに相談にみえて、

「最近、災難つづきなので何かあるのではないか、見てほしい」

ということでした。

まず、ご主人と彼女の名前を聞いて調べていましたところ、彼女は言いにくいことを告白するかのように話し出しました。

「実はうちの主人が今、刑務所に入れられています。

主人はちっとも悪いことをしていないのに、ダマされた形で入れられているんです。起訴になるかどうか心配で心配で。どうなるでしょうか」

「そうですか。じゃあ、すぐ刑務所から出られるかどうか、それを調べてみましょう」

やはり奥さんが言っているとおり、彼には起訴されるほどの罪がありません。冤罪《えんざい》もいいところです。

「ご主人は起訴にはなりませんからご安心ください。大丈夫ですよ」

人を裁くと、因縁で裁かれる

それまで曇っていた奥さんの表情がパッと明るくなりました。

「じゃあ、どうして何もしていないのに刑務所なんかに入れられたのかしら」

「それを調べてみるわね。彼のひいおじいちゃんのところかなあ、だれか人を裁くような仕事をした人がいますね。裁かれた人たちは、みんなとても苦しんで亡くなっています」

「そう言われても私にはよくわからないんですが。主人はまだ刑務所のなかですし……」

「はっきりとどの方なのかわからなくてもいいから、裁かれた方々のご供養をしましょう。

私にはおじいちゃんに苦しめられた人たちの顔が見えているから。

裁かれた方々のために私もご供養しますから、奥さんもお家でなさってね」

起訴することに決まった

それから一週間もしなかったと思います。

彼女から朝早く電話が来ましたが、ほとんど涙声でした。

「警察から今、連絡があって、起訴することに決まったって……」

「おかしいわね。前に調べたときには起訴されないと出ていたのに。ちょっと待ってね。もう一度調べてみるから」

それからすぐに調べてみたのですが、どうしても起訴されないと見えるのです。

私にいつもアドバイスをしてくれる天照大神さまが、

「この人は事件には関わっていない、わかってもらえる、大丈夫」

とおっしゃっています。

このようにまったく動きのないときは、ぜったいに大丈夫です。

私は神さまから聞いたとおりをお話ししているだけですが、これまでの体験では神さまが大丈夫と言ったことで外れたことは一度もありません。

「奥さん、どんなに調べても起訴はないと見えるんです。起訴はありませんよ。ご主人は間もなく釈放されますから安心して」

「でも、たった今、警察から電話が来たんですよ。ああもう、ダメ……」

「じゃあ、すぐにこちらに来られるかしら」

電話を置いてからしばらくして、彼女が転がるように駆けつけてきました。まだ、朝早かったですね。

「どんなに巻き添えであっても、その汚職に関わりのあった職場にいたのですから。それはどうしようもないですよね」

そう言って彼女は体を震わせておんおん泣くのです。

それを見ているのがつらくて、でもどうすることもできなくて、あとはご供養しか残されていないと、ふたりでお経をあげてご供養したのです。

釈放された

ご供養したあとで、彼女はしょんぼりとした背中を見せて帰っていきました。それから一時間ほどたったでしょうか。また電話がかかってきました。

今度は同じ人だとは信じられないほど、張りのある明るい声が電話の向こうで躍っています。

「釈放されたの、釈放されたの……。今、気が動転しているので、主人が帰ってきたらふたりでお伺いします」

「あら、よかったわね。ほんとによかった」

二、三日してからふたりで見えたときに、ご主人に話しました。

「あなたのご先祖には人を裁いた方がいたために、このようなつらい目に遭ったんですよ。このことを肝に銘じて人との出会いを大切にしないと、また同じようなことが起こりますよ。くれぐれもご先祖さんに手を合わせてくださいね」

ご主人も奥さんも、そうすることを誓われました。

心霊事件簿⑦
おばあちゃんが憑いている

子どもが動けないんです。
呼吸困難で、顔色も青い。
今にも死にそうです。
どうしたらいいんでしょう。
助けてください。

今にも死ぬかと

六年生の女の子でしたが、お母さんから様子が変だと電話が入りました。

「子どもが動けないいんです。呼吸困難で、顔色も青くなってしまって。どうしたらいいでしょう」

「とにかく連れてきてちょうだい」

私の家は連日連夜混んでいますから、隣室に寝かせてしばらく順番を待ってもらっていました。

ところが、順番を待っている間に、また霊が入り込んでしまったのです。呼吸困難になって、みるみるどす黒い紫色になっていきます。初めて見る人だったら、今にも死ぬかと思うほどです。

すぐに調べてみますと、おばあちゃんが出てきました。まだ、成仏していなかったんですね。私は背中をなでながら、

「おばあちゃんがついているのよ。ご供養してあげるね。三回ぐらいなでたら、大丈夫、霊は離れてくれるから」

と念じながら慰めました。

憑いていた霊が離れていく

すーっと霊が離れていくのがわかります。

すると彼女の息は正常になって、顔色もよくなりました。

でも、これは私がいっとき霊を離しただけで、また、いつ霊が戻ってくるかわかりません。

顔色は治りましたが、本人は起き上がれず、寝たきりです。

「とにかくここでしばらく寝ていなさいね。ほかの方を見なければならないから」

そう言って、待ってもらっていた別のご相談を受けました。

当時、小学生だった息子にも霊の能力がありますので、私が他の方に関わっている間、私のそばで女の子をなでてもらいました。

「今、ついているのは、この子のおばあちゃんだからね。念じてなでてあげてね」

五分くらいすると、息子が、私を呼ぶんです。

「お母さん、お灯明の炎がぐるぐる回っているよ」

ちょうど私は後ろ向きでしたから、お灯明が回っているのは見えませんでしたが、お灯明が回った瞬間に彼女はふつうの状態に戻ったのです。

これは息子の念がおばあちゃんに通じた結果、おばあちゃんが息子に「わかった」と言ったサインなんです。

おばあちゃんが成仏するには

おばあちゃんが成仏していないことがわかったのは、六年生の娘さんの異常によってでした。

それまで、亡くなった方に無関心だったこのお宅は、それまでと打って変わって、今では熱心に仏さまへ愛の念を向けています。

このように、成仏していない霊が家族のだれかに憑依《ひょうい》して、ご供養を訴える例はたくさんあります。

※本文中の「供養」とは「この世にとどまっている霊を、本来帰るべきあの世に帰ってもらうために、この世への執着を取り払ってあげる行為」のことです。供養にもいろいろありますが、「あの世に帰っている人への感謝」も供養です。

縁ある方には、
時折愛の念を向けて差し上げるとよいでしょう。
天界での生活を邪魔しない程度に。
そして、夫婦円満、家族仲良く暮らすことで、
亡くなった方々も幸福になられます。

私たちを守る
たくさんの神さま

天照大神様は最も偉大な神様、すべてを導いて下さる

深く関わって下さる慈悲深い神々

たくさんいらっしゃる神々のなかでも、日常的に私たちを守ってくださっている神様といえばある程度限られます。

この章では、私がいつもみなさんのご相談を受けているときに、もっとも深く関わってくださる守護神についてご説明しましょう。

これらの守護神は、日本古来からいちばん親しくまつられてきた神々でもあります。

それぞれの守護神には、ご自分がもっている守護範囲や得意分野があるようで、私がお力を借りるときには、その神様の得意分野で力を発揮していただくようにお願いしています。

でも、天照大神様と観音様だけは、他の神様に比して抜群に強いお力をもっておられ、ありとあらゆる広い分野に愛の手を差し伸べてくださっています。

天照大神は偉大な神様

私の場合は、天照大神様にお伺いをたてて、教えていただくことが多く、もっとも偉大な神様です。

背がかなり高く、すらっとした女性の神様で、私の前に出ていらっしゃるときには白い衣装をお召しになっています。

天照大神も観音様も霊界ではトップの地位を占める神様であるだけに、清らかで慈悲に満ちています。

とくに天照大神様には気品があり、態度は常に毅然としていらっしゃいます。言葉や態度をぜったいに崩しませんから、ちょっと冷たい雰囲気さえ感じます。

必要なことを絵のように見せてくださる

私がお伺いをたてますと、よく話してくださいます。

しかし、神様を必要以上に煩わすのは私の本意ではありませんから、ちょっとしたことではお伺いを立てず、私の力で問題解決が難しいときだけお願いしています。

天照大神様にお伺いをたてるときには、いつも心のなかで次のようにいいます。

「この方に関わる因縁や災いがあったら、教えてください」

するとと、すぐに必要なことを絵のように見せてくれたり、静かな口調でゆっくりと指示を与えてくださいます。

総体的な方向性を提示

大きい壁に突き当たって苦しんでいる方のご相談を受けたときなど、私はとくに真剣になってお願いします。

天照大神様の言葉はあまり具体的でなく、すぐに理解できないことも多いのです。というのは、総体的な方向性を示してはくれるのですが、具体的な事項までこまごまとおっしゃらないからです。

そのようなときには、理解できるまで次々に質問します。

天照大神様は私が納得するまで根気よくアドバイスしてくださいますが、手を取り、足を取って教えてくださるというよりはむしろ、考えさせて解決へと導く神様だといえます。

「多くの神々がそなたを守っている」

最近も、ぜひ救ってあげたい相談者がいました。人の窮地を救うために、まったくの善意でお金を貸してあげたばかりに、当の本人に司直の手が伸びてしまったのです。

「この方の受けている災難は、よい意味で非常に勉強になったと思います。でも、これによって何かが得られなければ、私自身が救えなかったということで、とてもつらいのです。どうしたらよいか教えてください」

するど、天照大神様はおっしゃいました。

「そなたが、いつも多くの人々を助けている力を信じなさい」

「信じるといって、何を信じたらよいのでしょうか」

「これだけ多くの神々がそなたを守っている姿が見えないのですか」

そのとき、私の目の前にパーッとたくさんの神々が見えてきました。たくさんの神様が守ってくださっているのを、見せてくださったのですね。

「大丈夫」という答え

それでも、その方のことを考えると不安でしたし、つらかったので、さらにお聞きしました。

「もう少し具体的に解決の方法をお知らせいただけませんか。まだ、これという確信がもてないのです」

「多くの神々が力を合わせて守ろうとしています。よい解決法のために、みんなが協力しているから心配しなくてよい。大丈夫だから心配しなくてもよいのです」

「それを信じたらよろしいのですね」

「そうです」

何度も繰り返して同じ質問をしましたが、返ってくる言葉は「大丈夫、心配しなくてもよい」でした。その「大丈夫」という言葉一つであっても、ほんとうに完璧な大丈夫か、心配な部分を何パーセントか残しての大丈夫か、私はその言葉から伝達される波長によって差異を感じ取ることができます。このときの大丈夫は一〇〇パーセントの大丈夫でしたので、この問題はよい方向で解決するという自信をもったわけです。

大難が小難に、小難が無難に

たくさんの神々が走り回ってよい解決法を模索してくださっていました。それを知って、大難が小難に、小難が無難になるという見通しが立ったわけです。
多分、司直の方々も穏便に扱ってくれて、相談者の疑惑は間もなく晴れるでしょう。
彼に二度と同じミスをさせないため、神様はかなり重い苦悩を科したのでした。
相談者は二度と同じ過ちをしなくなるでしょう。
いい加減な他人もいるということを、痛いほど知ったはずですから。
天照大神様は多くを語りません。
しかし、大切なことを言葉少なに見せてくださいます。
とても、心強い神さまです。

多くの神々が力を合わせて
守ろうとしています。
よい解決法のために、
みんなが協力しているから
心配しなくてよい。
大難が小難に、
小難が無難になるという見通しが立った。

観音様は身近な存在、気づかない部分で守られている

美しい観音様

観音様には美人が多く、お姿も美しいので、うっとりと見上げることがしばしばです。

観音様はご存知のように、観世音菩薩といわれる菩薩です。ですから、天照大神様にくらべて日常的なことに関わってくださいますし、私たちにとってても身近な存在です。

とくに厄難を救ってくれ、求めるものを与えてくださるお力をもっておられ、私たちの欠けている部分をいちばん多く守ってくれています。

私たちがそのことを気づかなくても、観音様によって守られているのを感謝すべきでしょう。

気軽にご相談できる神様だが、厳しい面も

観音様は天照大神様のすぐ下にいらっしゃり、お顔や話し方などは人間的で親しみやすいので、気軽に何でもご相談できます。

一方ではまた、この上なく厳しい神様でもあります。

頭が良い神様で、お伺いしたいことに対しては、非常に具体的にはっきりとおっしゃいます。

ただ、頭の切れる神様だけに、要領の悪い伺い方をしたり、だらだらと質問をしたりすると、

「何いっているの？　何考えているの？」

というお顔をなさったりします。

家庭問題、男女問題、病気など

私が観音様にお伺いをたてるのは、夫婦・親子に関する家庭問題、男女関係、病気などのときが多いのです。

病気でも、命に関わるときには、その通りにはっきりと言ってくださいます。

たとえば、意識不明の患者についてお伺いをたてますと、

「今日乗り越えると、大丈夫。明日からは快方に向かう」

「危ない。生命に危険がある。あと四日くらい」

というように、はっきりと数字で見せてくださいます。

それがほんとうにぴったりで、これまで外れたことがありません。

人間らしさがあるというのは、そこの部分なのです。私たちの身近な問題について、きめ細かにアドバイスしてくださる点です。

観音様に守られている方は幸せ

私がとくにお伺いをたてなくても、観音様の方からポッと現れてきてくれて、いろいろな問題解決法を教えてくださることもしばしばです。ですから観音様に守られている方は幸せです。

ご相談者の守護霊をお呼びするとき、サーッと真っ先に観音様が来てくださる人がいるのですね。

そうでない人もたくさんいますから、観音様に守護神になっていただくのは幸せな

ことです。

神様のなかでは、観音様をご自分の守護霊として頭においておまつりするのがいちばん楽でしょう。

とても厳しい神様ですが、手を合わせるには楽です。毎朝ご先祖に手を合わせるときに、観音様もいっしょにおまいりすると、現在はついていなくても、いずれあなたの守護神となってくれるでしょう。

お不動様は、健康や金銭問題に関わる

自分がついている限り大丈夫！

お不動様はとても単純です。

そして善いことか、悪いことかを断定的にいいます。

この神様は男っぽく見え、風貌は丸顔でごつい体格。

私に見えるときにはいつも黒いゆったりとした衣服をまとって出てきます。どんなに大変なことを頼まれても、嫌な顔一つせずに引き受けてくださるので、ほんとうに助かります。

頼られるとよく、

「オー、オー、オー……」

という声を発します。

何かをお聞きしたときに、よくいわれるのは、

「心配するな。自分がついている限り大丈夫だ」

という言葉で、どんなにこちらが心配していても一笑に付されてしまう感じがあります。

「良いか、悪いか」即決

とても自信があり、面倒なことは嫌いのようです。

だから、「良いか、悪いか」は、即決でことを運ぶという傾向がみられます。

一方、涙もろく、人情味があります。

天照大神様や観音様は、私たちがもっている能力で十分に考えなさいというところがあるのですが、このお不動様はご自分の考えをストレートに出して、善いとか悪いとかをはっきりさせます。

話し方も、やや命令的ですね。

お不動様は、主に私たちの健康や金銭問題に関わってくれています。

龍神様は相手に懺悔を求め、災いを起こすこともある

龍神様には男女がある

龍神様は女性の神様と男性の神様にはっきりと分かれ、お顔もぜんぜん違います。龍神様を拝んでいますと、とても気性の勝った女性の龍神様が出てきたりします。龍神様はお不動様よりも、ちょっと冷たいかな、という感じがします。気に入った人をすごく守ってあげたいというところがありますが、自分の嫌いな人については冷たいですね。

言葉もどちらかといえば、命令調でしょうか。

気に入らないことがあったとき、いやだとは言わないのですが、そっ気ない態度を見せるのです。

龍神様には懺悔を求める気持ちがある

龍神様は他の神様と比べて、どちらかといえば災いを起こすのがいちばん多いような気がします。

たとえば、おまつりする人がいないと、それを根にもつということがあります。心の広い神様ですと、そんなことなど気にしないものですが、龍神様は相手がおまつりしないときや悪いことをしでかしたりすると、すぐに懺悔を求める態度を見せます。

何もかもひっくるめて成就するようにと一生懸命に拝んでいた人が、ご自分の都合で拝むのを止めたりすると問題が発生しがちになるわけです。それが霊障となって私たちに災いをもたらしたりするから厄介です。霊障を呼ぶのは龍神様がいちばん多いですね。それだけに龍神様をおまつりできないのに、それをもっているならば、懺悔をしてお返しするようお勧めします。

龍神様は水に関係する神様

龍神様は水に関係する神様ですから、漁師の方がよくおまつりしています。漁師の方だけでなく、水での事故などは龍神様のたたりによるものが少なくありません。
龍神様の負のパワーについて、私はそれほど強いとは思っていません。ですから、単純にお金が儲かるようにとか、商売が繁盛しますようにとか、発展的におまつりするのはいいのですが、あまり多くのことをお頼みして、ご機嫌を損ねないようにしたいものです。

善悪を見きわめ、
発展的にお願いしましょう。

お稲荷様は動物霊の神様、家出人は必ず見つけて下さる

家内安全、無病息災を守るお稲荷様

お稲荷様には、はっきり男女別があります。

ふつう私に見えるときには、白い衣装をまとっていますが、家出人を探すときには大きいきつねになって見えてきます。

お稲荷様は一体ではなくて、たくさんいます。

お呼びすると、お年寄りのお稲荷様、若いお稲荷様などさまざまのお稲荷様が見えてきます。

私たちの身近なところで、家内安全、無病息災などを守ってくれています。日常的な細かいことに関わっていますから、今日一日の安全を願うにはいちばんいいでしょう。

真夜中の家出人を探すとき

私がお稲荷様にお願いするのは真夜中の家出人を探すときだけです。

夜の暗闇のなかに家出して、しかも山のなかにいったん入ってしまった人を探すのは大変です。

そのとき、このお稲荷様に大活躍していただきます。

動物霊の神様で目が見えますから、真っ暗の山中に家出した人を探すには適役です。夜の家出人を探そうとお稲荷様にお願いして私が一声かけますと、ワーッと大勢のきつねが集まってきてくれます。

これまでお稲荷様に頼んで数え切れないほどの家出人を探しましたが、ほとんどすべて見つかっています。

それほど家出に関してはパワフルな力を発揮する神様です。

たくさんの神々が
私たちの身近なところで、
家内安全、無病息災などを
日常的な細かいことで守ってくれています。

今日一日の安全を願うには
誰かを愛しく思うという、その心がけが
強い光となって
あなた自らを守ってくれます。

水神様

私たちが生きていく上で水はぜったいに必要なものですね。

水神様は、水の周辺でいつも見守っていてくれる神様に見えます。

おまつりしているから守ってくれているのではなく、常に大事な水のところにいて守ってくれているのです。

それがご自分の務めだと思っていらっしゃるようです。表情もすごくきれいですし穏やかです。イライラした水神様を見たことがありません。

清らかな水の流れのように美しく品のいい神様です。

男女の別はなさそうです。

お地蔵様

お地蔵様にはさまざまなお地蔵様がありますね。

お地蔵様という一つの形に魂入れをしたものですから、水子地蔵、交通安全地蔵などと呼ばれて身近で親しまれています。

昔から旅人たちの道標としての守り神だったわけですが、それは現在でも変わっていません。

大きい意味での守り神ではなくて、道端にあって身近で気軽に守ってくれる、親しみのある神様です。

よく赤い帽子を被せてあげたり、よだれかけをつけてあげたりしているのを見かけますが、あれは人間に近いからなのです。

身近にいて、ご供養をすることによって、守ってもらえるということですね。

私もまた道端でお地蔵さんを見かけますと、小銭を置いていきます。

これまで出会ったお地蔵様で魂の入っていないのは見たことがありません。

ほとんどのお地蔵様には魂が入っていますから、おまつりすればそれだけ守られるでしょう。

でも、あまりたくさんのことを期待しないでくださいね。

大黒様

力強くて男っぽく、体が大きく、それでいて穏やかな感じがします。

仕事やお金に関わっている神様です。

よく私たちが見る大黒様とはちょっと違います。

もっと品があって、凛々しい神様です。

ご自分が関わっている仕事やお金については、一貫して守り通すというお気持ちをしっかりと持っていらっしゃいます。

恵比寿様

財産、金銭を守ってくれる神様です。

私はこの神様とこれまであまり関わりをもってきませんでした。財産とかお金とかは、たいてい欲がらみの場合が多いので、避けて通ってきたのかもしれません。

相談を受けても、これらのことには汚らしいものがたくさんありますから。

お金を儲けたいという方がこの神様にお願いして、もし波長がぴったりと合ったら、よい結果が出てくるでしょう。波長次第です。

山神様

体が大きくて、ごっつい感じがします。
性格はどちらかというと単純で、物事にこだわりません。

文珠様

男性っぽい感じでいいお顔をしています。

とても堅物でアカデミックな方でしょうね。知的な面が強いので、ざっくばらんという感じではないです。

弁天様

とても品はあります。
大変細やかなお気持ちの神様です。
どちらかというと、好き嫌いがはっきりとしているかもしれませんね。
女性のように見受けられます。
商売、物、お金などを守ってくれる神様です。

私たちが日常的に関わっている
守護神様をご紹介しました。
ありがたいことに
神々様とは特別な関わりを
もたせていただいております。
私がもっともお世話になっているのは、
天照大神様、
観音様、お稲荷様などの神様です。

守護霊に守っていただくにはどのような心掛けで生きればよいか

手術するべきかしないべきか

その方は保険の外交員をなさっている四〇代前半の奥さまでした。

ある日、彼女から電話が入りました。

胃腸の調子がよくなかったので病院で検査を受けたそうなのです。

ところが先生にすぐ手術しなさいと言われたとのこと。

それで、もし、私が先生と同じく手術しなさいと言えば、手術するというのです。

大丈夫と私が言えば、手術を見合わせるという内容の電話でした。その電話は診察を終えたばかりの彼女が、病院からかけてきたものです。

胃ガンが見えた

電話で話している間に、彼女の胃ガンが見えてきました。

まず、最初に電話をしている彼女の姿が映り、次に病気の部分が真っ黒に見えたのです。

ガンだとピンときました。

でも、はっきりそれを伝えれば、彼女がショックを受けるでしょう。

ですから、少し婉曲にアドバイスしました。

「先生のおっしゃる通りすぐに手術をする方がいいわね。放置しておけばガンになる恐れがありますよ」

「先生にも同じことを言われたの。わかりました。手術を受けることにします」

間もなく彼女は入院し、手術も無事に済みました。

ところが、考えていたよりもはるかに重症で、胃と胆嚢の全摘出になってしまいました。

手術してから先生に、長くて五年もつかどうかだと言われたそうです。

素直さは守護霊の好み

彼女は素直で性格のとてもいい人です。

彼女のように素直で性格のいい人は、守護霊が守るパワーが強くなります。私も調べてみたところ、現在やっているような節制を変わらず続けたら、かなり長く生きられるはずだと見えていますから、先生のおっしゃるように五年ということはないでしょう。

彼女はそれほど信仰のあつい方ではありませんが、私のアドバイスしたことは、きちんと実行してくれます。

いつも言われた通りに努力する方です。

性格が素直ですから、ご先祖のご供養をしなさいと言えば、その通りにしますし、いけないと言ったことはすべてやらず、功徳に励んでいます。

余命をこえて

そして、手術から五年経ちましたが、今も元気で仕事に腕をふるっています。私が見るところでは、胃がなくても、胆嚢がなくても、まだまだ長生きできます。

人間には医学ではわからない何かが働いている事実を、彼女に会うたびに実感しています。

守護霊にはエゴは決して通じない。
間違ったことには手を貸さない。
守護霊は、素直さを尊ぶ。

守護霊は間違った男女問題を好転させるために力を貸すことはない

守護霊に、日夜お願いして駄目な場合

守護霊がどんなときでも守ってくれると期待しても、その期待はしばしば裏切られます。

守護霊に日夜お願いしてもダメという場合が実際にあります。

たとえば、男女の愛情問題などはそのよいサンプルです。

愛情というのはエゴですが、そのエゴは守護霊には通じません。

エゴによって自分の思うにまかせない好きな人を自分の方に向かせようとしても、守護霊は力を貸せないとはっきりといいます。

守護霊に対してどういう祈願をしようとも、それは祈願する方の勝手です。守護霊は間違ったことには決して手を貸しませんし、どんなに祈願されても好き勝手に泳が

せておきます。

守護霊にはすべてがお見通し

守護霊はすべてをお見通しですから、その人の前途によかれかしと思うことには手を貸して下さいますが、そうでない場合には放置します。本人がどんなに好きでもがいて祈願しても、その愛情の結末がダメと出ていたら見放してしまいます。

それに逆らって行動すれば、きっと痛い目に遭わされるでしょう。

答えはまちまち

男女問題についてはそれぞれのケースによってすべて違いますから、一般的なアドバイスなどできません。

相談に見える一人ひとりに対して、霊の教える解答は異なるからです。不倫などしている女性二人の一方に、

「時間かけて交際していていいですよ。今、急に別れることはないですよ。でも、ぜったい結婚なんかできませんからね」

とアドバイスをし、他方には、

「何いっているの。いけません。今すぐに別れなさい」

と説得せずにはいられないなど、私の答えはまちまちです。不倫をしているのは同じなのですが、解答は一様ではないわけです。

不倫はやめなさい

不倫ということ自体はよくないのです。

ただ、時には、相手の家庭を破滅させようとする意図がまったくないから、守護霊も見逃してくれるケースがあります。

一方では、相手の家庭を壊してまでも、何が何でも自分の思うようにしたいという人もいます。

こういう方には、守護霊は怒ってでもすぐに止めさせようとするのです。

神はこの世に男性と女性しかお造りになりませんでしたので、男女関係においての許容範囲はそれほど狭くはないと私は思っているのです。でも、自分のエゴのためにのみ独走しようとするとき、その時点ですでに守護霊によって見放されてしまっています。

これは、男女関係にとどまらず、その人の生き方すべてに通じます。

魂はあの世でも生きている

霊は、肉体こそありませんが、現世にいたときとまったく同じに生きています。

肉体はなくても、霊は生きていたときのその人と少しも変わりがありません。

ですから大切な身内を亡くして私のところに相談に見える方には、いつも次のようにアドバイスしております。

「霊魂は現世にいるときと同じように、生きているのよ」

「もう、肉体はなくなってしまっているけれどね」

「性格だってそのままよ。性格そのものは、現世でも来世でもまったく変わらないものなの」

「こちらから声をかけて呼べば、すぐにそばに来てくれます。だから、死んでも霊そのものには変わりはないんです」

身内を亡くして悲嘆のどん底にある相談者に、霊魂は不滅だから、この世にいたときのように話しかけてあげてご供養してくださいと、霊の様子を話してさしあげると、たいていの方はとても穏かな気持ちになってくれます。

霊界とは

実際、生きている所は現実界ですから、だれの目にも見えています。ところが霊界となると、だれの目にも見えるというわけにはいきません。霊と語り合える能力を与えられた人間だけが、霊界の様子を垣間見ることができるのです。

私が願うのは前世でも、現世でも、来世でも同じように幸せに生きてほしいということなのです。

ですから、善いことをしていきなさいと、相談者にお願いしています。現世においても、霊界に行ってからも、そして来世でも、善いことを積み重ねてください、それが功徳となってご自分の幸せになっていくのですからと話しています。

真剣な質問であれば どんなことであっても 守護霊は解決法を提示してくれます

性格と特性を瞬時に教えて下さる

たとえば、受験生の子どもをもつ親や受験生が相談に見えたときには、向き合った瞬間にどんな性格の人かを見せてくれます。

のんびりした性格か、とても神経質な性格かなどは瞬時にわかりますし、また将来的にどの方面に向いている人か、などを即座に教えてくれます。

その子どもが理系か文系に向くとか、手先が器用だとか数学的才能に優れているとか、文章を書く上で特にすばらしいものをもっているかなど、具体的にわかります。

つまり、性格と特性がわかれば、どの分野に適性があるかを判断できるわけですね。

理系に向いている人であれば、脳の密度が濃密で、堅く感じますし、文系であれば脳が比較的柔らかに感じます。

脳細胞が透けて見える

どうしてそれがわかるかとよく聞かれます。言葉でそれをはっきりと示すのは難しいのですが、あえていうならば、相談したい人の脳細胞が透けて見えてくるといえばおわかりいただけるでしょうか。

神経質な人の脳細胞の神経の部分は非常に繊細で、こまかく目に映ってきます。

頭のいい人は、やはり神経がとてもデリケートで、知識が詰まっているのがポッと見えてくるのです。

よく「うちの子は頭が悪くて」と相談に見える方がいますが、親が考えているのとはまったく違う場合が少なくありません。

そのようなお子さんのなかには、脳細胞が緻密にできていて頭のいい子が多いのです。子どもの成績が悪いから頭が悪いと親が決めてかかるのは危険ですね。それは子どもの可能性を摘んでしまうことにもなりかねません。

子どもの適性をよく見極めて上手に育てることが、より大事でしょう。

赤ちゃんの名前

生まれたばかりの赤ちゃんにもそれはいえます。

この赤ちゃんは頭のいい子だなとか、この赤ちゃんはこういう風に育てていったら伸びるだろうなというのがわかります。

依頼があって、赤ちゃんの名前をつけさせていただくときがあります。

「どのような子に育てたいか」

お母さんの希望を聞いて、その方向性にふさわしい名前をつけるようにしています。

また、その赤ちゃんはこんな特性をもっている。

だからこのような名前をつけるとこの面では伸びるというアドバイスをします。あまり字画などは関係ありません。

初めから変わらない「見え方」

この仕事に関わった当初から、私にはたくさんのものが見えていました。

経験を積んだから見えるようになったのではなく、見え方は初めから変わっていません。

相談者に対して間違った言葉をいってはならないと戒めています。

ですから、毎朝私の守護霊に疑問を投げかけています。

すると、

「そなたにはすべてを与えたはずだ。今のままで進みなさい」

という答えが返ってくるので、これでいいのだと自分で納得しているわけです。

できるだけ多くの人を救いなさい

私の守護霊は、実にたくさんのものを見せてくれます。

それはできるだけ多くの方を救いなさいという神様のお達しでもあるのです。

神がもし、人間を完全なものとしてこの世に送り出したら、私たちは努力しなくなるでしょう。

全知全能は神だけでいいのです。

欠けたものがなかったら、私たちは努力を忘れて惰性で生きるようになっていたかもしれません。

努力は不足があるからできるのであり、それこそ生きる上でのバネになるものです。目的をもって努力しながら生きる姿こそ貴く、それが神のいちばん望んでいる姿でしょう。

神によって生かされている

努力する人に対してのみ、神は救いの手を差し伸べてくださいます。努力しない人を神は見捨てます。

私たちが生きているのは、すべて神のコントロールのもとにおいてであり、だからこそ神の前では常に謙虚でなければなりません。

私たちは生きているのではなく、神によって生かされているのですから。

悩みを解決したいのであれば、何よりまず今日から人のために役に立つことを実行してください。

人が喜ぶ善いことをするのです。

それが蓄積されれば、いずれ悩みは解決されるはずです。

守護霊に守っていただく前に、ご自分がどのような生き方をすべきか、それについてお考えになってみてください。

神仏の守護にあずかるのはそれからです。

守護霊に守られるには

◎守護霊がだれであるかを詮索するのは、あまり賢明な方法ではありません。あなたには守護霊が必ずついているのですから。その守護霊がパワーを発揮して、あなたが守られて生きられるように努力してください。

◎守護霊に守られて生きるには、日々、功徳を積むことです。その心掛けが何より大切であって、守護霊はそれを援助してくれるものとお考えになるべきでしょう。幸も不幸も守護霊に預けてわが身の修行を怠るのでは、守護霊は見向きもしません。

◎人を恨まず嫉まず、
人のために尽くし、
正しく生きることが
パワフルな守護霊に
守られるための最良の方法でしょう。

◎素直な人ほど守護霊に救われやすい、
これはもうぜったいです。
素直な人ほど守られる力が大きくなり、強くなります。
ですから、守護霊に救われるかどうか、
それは性格の善し悪しによって決まるといっても
過言ではないでしょう。
性格がいいというのは、つきつめると素直さなのです。

思いがけない
災難は
神仏からのシグナル

思いがけない災難への対処法

もし、あなたに思いもかけない災難が訪れたら。

それは神仏からのシグナルです。

そのときこそ、神仏によって与えられた修行を積むべきだと考え、決してその不幸、不調和から目をそらさず、じっくりと自分自身と向き合ってください。

神仏から修行を積みなさいと指示されたら、素直に従うべきです。

不幸、不調和が起こるのは、あなたの功徳の足りなさのためであるのに気づいてください。誰かを恨むだけでは幸せにはなれません。

他のひとに不幸の責任転嫁をしないでくださいね。

神仏から修行を積みなさいと指示されたら、素直に従うべきです。

■乱暴する息子

夫婦仲がよければ、子どもは精神的に自立します

昼間からお酒を飲んで暴れる

三〇歳もとうに過ぎているのに、毎日昼間からお酒を飲んで暴れ回っている一人息子さんのことで相談にみえたお母さんがいました。

彼は高校時代から行動がおかしくなり、大学をでても就職する気もなく、家でぶらぶらしているという生活でした。

さらに、お酒を飲むとお母さんに殴る蹴るの乱暴をするので、お母さんにすれば生きた心地がしません。

息子さんを甘やかし過ぎた結果、取り返しがつかなくなってしまったのです。

彼はお母さんがつくったものしか食べません。

だから、息子さんの食事をつくるために彼女は家を空けられないといってこぼします。

精神病院に入院させました

息子さんの日常生活は異常だらけで、お酒を飲んで暴れるほかに、風呂に入ると何時間でも入ってでてこない。

「オヤジは汚い」

といって寄せつけないなど、数えたらキリがありません。

暴力と異常行動に家族も耐えられなくなり、精神病院に入院させました。幼いころには、なめるように可愛がっているだけでよかったのですが、自我が芽生えてからも、お母さんは同じように息子さんを扱ったために、どこかで歯車が狂ってしまったのです。

夫婦仲が悪いのが原因？

もともとそのような息子さんにさせてしまったのは、彼女とご主人の夫婦仲が悪くて、子どもに目が集中した結果でもあったのです。

夫婦仲がよければ、子どもは精神的に安心して暮らせますから、それほど問題はありませんが、夫婦仲に亀裂が入ったとき、子どもはそれを敏感に受け止めるために正常な発達が阻害されます。

とくに、子どもが幼いころから思春期にかけての夫婦関係は、重大な後遺症を残します。

夫に感謝の気持ちをもとう

このご家庭では、奥さんが
「主人が嫌だ、汚い」

とずっと拒否しつづけてきました。

顔を見るのも嫌だったといっていましたから、夫婦仲は冷えきっていたはずです。

この、お母さんの気持ちがそのまま息子さんにも伝達されていたのです。

「父親が嫌で汚い生き物だ」

という固定観念が息子の胸にしっかり植えつけられてしまい、息子さんもまたお父さんを拒否しつづけました。

家庭のもつれた糸をほぐすには、夫婦関係を正常な状態に戻す必要があります。

具体的に、いちばん効果があるのは夫にたいして感謝の気持ちをもつようにすることです。

これまで家族のためを思って一生懸命に仕事をしてきた夫、少なくとも養ってくれた相手への感謝を忘れてはなりません。

他人であれば、どうして生活費などくれるでしょうか。夫だからこそ養ってくれるのですから、それだけでも感謝すべきでしょう。

その感謝の気持ちが夫婦間のトラブル解消のきっかけになります。

「この子さえいなければ」を「この子がいたから」と感謝に変える

お母さんはお酒を飲んで暴れる息子さんにたいして、

「この子さえいなければ……」

「別れたい」

と、ずっと思ってきたはずです。

それがいけないのです。

この子が神仏から与えられたのは修行なのです。

功徳を積むためなのだと考え、息子さんから逃げないで正面から対処する覚悟をもつべきです。

それもこれも前世での因縁からおこる現象なのです。

この世での修行、成長、前世からのカルマを解くために、親子の縁もあります。

「この子がいたから」、家族の尊い修行課題を見つけることができた。乗り越えることができるという、感謝の思いに変わってきます。

それができたら、夫婦仲もきっと変化するでしょう。

父と息子の関係の修復

一方で父親と息子との関係を修復しなければなりません。

この場合、お母さんは病気で行かれないということにして、入院中の息子さんの洗濯物をお父さんにとりにいってもらい、お父さんに届けてもらう方法をとりました。

自分の汚れものを父親に預ければ、これまで汚いとぜんぜん寄りつかなかったお父さんへの気持ちに変化がでると考えたからです。

父親を拒否していた部分が少しずつ取り除かれて、父子との会話も生まれるのではと期待してのことです。

やはり、この方法は関係修復に功を奏しました。

お父さんを汚いと拒否しなくなり、父と子の会話も生まれてきました。たしかに状況は良い方向へと変わってきたのです。

私が子どもと決めていた約束事

私自身も、かつて子育てをしていましたが、その過程でいくつか心がけている事柄がありました。

いわば約束事のようなものです。

①生命を大事にすること

「ママはあなたを命がけで産んだのだから、あなたも命がけで生きてね」と、常日頃から命を大切にするようにといっていました。

外出するときにはかならず、「車に気をつけてね」と注意をうながすのを習慣としていました。

折りにふれて命の大切さを説いて聞かせることで、自分の命はもちろん、他のひとの命や動物、虫けらにいたるまで、生命とはどれほど大切なものかを理解するようになると思ったからです。

子どもが自殺などへと短絡的に走るのは、生命を非常に軽く考えているからでしょう。何度でも命の大切さを話して聞かせるべきです。それがまた、他人を思いやる心を育てることになるのです。

それ以外の事柄、たとえば勉強については、「勉強はしたいときにすればいい」と言っていますし、遊びに夢中になって部屋がちらばっていたら、「それがすんだら片づけてね」と声をかけます。

子どもにとって母親のひと声はこちらが考えている以上に強く響くものですね。このことをお母さんは、もう少し気づいてもよいのではないでしょうか。

②母親にはなんでもいってほしい

母子の会話が成立しないといって、嘆くお母さんの相談が、実は少なくありません。その方々へのアドバイスとしては、次のようにお話しししています。

子どもが小さいときから、一生懸命に話しかけること。

子どもから話を聞きだす習慣をつけていれば、親子の断絶はないはずです。

私は、

「ママにはどんなことでも話してね」

と、幼いころから息子には言い続けてきました。そして、どんなに忙しくても、一日一回は会話をもつようにしていました。

旅先であれば、電話で今日一日のことをお互いに語り合うようにしていました。

家族であっても、どこかで、お互いに心の扉を閉ざしてしまっているところがありますね。

子どもにとっての両親は絶対的な存在ですから、親が心の扉を開けておいてくれないと、たやすくは入り込めないのです。

思春期になり、親の絶対性に疑問をもつにいたったとき、子どもは親に対して心を閉ざしてしまいます。

思春期にいたる前に、親子というよりは、ともに人間同士という視点から、肩を並べて意見を交換しあえる習慣がもてれば、子どもは問題行動に走らないはずなのです。

親が、胸を広げて子どもをいつでも受け入れる体制でいれば、子どもは好きなときに入っていけるからです。
友達のこと、
勉強のこと、
子どもには話したいことがたくさんあります。
お母さんの心が豊かであれば、子どもはどの角度からでもすっと入り込めます。
そんな母と子の関係には、非行も登校拒否も、引きこもりもあろうはずがありません。

③命にかかわること以外には大声を出さないで

子どもには話し方についても注意をしています。

話すときには、

「はっきりと」

「落ち着いて」

「でも大声をださないように」

そして、私自身、子供を育てる過程で、命にかかわるような危険な場合以外、子供に対して大声を出さないようにと決めていました。

さらに、少し大きくなってからは、

「ひとの悪口は言わないこと」

「相手の立場を理解して話すこと」

ことばの大切さを伝えてきました。


正しく見ること。

正しく語ること。

幸福生活の原点です。

■目の前の恋に目がくらんだとき

夫と別れて、好きになった人と結婚したい

好きだから

三〇代のかわいい感じの奥さんでしたが、ご主人と別れて同年輩の男性と結婚したいというご相談でした。

ご自分にもお子さんが二人おり、相手の男性にも妻子があります。

「どうしてご主人と別れて、その方と結婚したいのですか」

彼女は私の前に座ったときから泣きじゃくって、返事もろくにできません。どうにか口から出たのは、

「好きだからです」

のひとことでした。

あなたの給料を全部欲しいと言ってみて

その相手の男性とはパート先で知り合ったのですが、聞いてみると、これまで相当彼に貢いでいるようです。

ご主人にはこれといった不満はなかったようですが、相手の男性と肉体的なつながりを持ったとき、それが忘れられなくなったといいます。

「その男性と結婚したいと思うならば、その前に、いま、ご主人があなたにしてくれているのと同じことを、彼に要求してごらんなさい」

「といいますと、どんなことでしょうか?」

「あなたはご主人からお給料を毎月いただいていますね。相手の男性にもお給料をいただきなさい。『あなたのお給料を全部ほしい』とはっきり言ってごらんなさい」

「でも……。私がそれを言ったら、私たちダメになってしまいます」

調べてみると、奥さんは恋人にせがまれるまま、時計、カメラ、ビデオなどせっせと買ってあげているのが見えました。

逆に、ねだってごらんなさい

これまでつぎこんだ額は相当になるはずです。

彼から物をねだられている状況が次々とみえてきます。

「彼にお金もだしてあげていたでしょう。彼は何度かあなたからお金を受け取っているわね」

「ええ、困っていると言われるので……」

「それで、あなたは、これまでに彼になにかねだったことがありますか」

「ねだったことなんかありません。一度も……」

「じゃあ、逆に、ねだってごらんなさい」

「ダメですよ。そんなことできません」

あなたを利用しているだけ

「そうですか。お金をほしいと言ってダメになるような相手だったらやめなさい。あなたはその方と離れたくないから、逆にたくさんお金を遣っているはずです。そのお金はご主人からでたお金でしょう。ご主人のお金を、あなたはその男に遣っているのですよ。それで、あなたがご主人と別れたいと言うなんて、まったく理解できませんね。おかしいですよ。なにを考えているのですか。

その男性はあなたを愛しているのではなく、利用できる女としてみているだけなのですよ。あなたからカメラを買うとか、時計を買うとか言ってもっていったお金はみんな、彼の奥さんに手渡されていますよ。私には全部見えています。あなたはなにをなさっているのですか。いい加減に目を覚ましなさい」

相手の男性の不実な心

彼女は、はらはら泣いているだけです。

「そう言われれば、おっしゃる通りです。変だなとか、おかしいなとか、そんな気がしたことが何回かありました」

彼女がご主人と別れてその男性と結婚しても、二人の将来には幸せの姿が見えてきません。ただ肉体でつながっていたのであって、それに飽きがきたらそれでおしまいです。

私には相手の男性の不実な心がよく見えましたから、そのまま伝えただけです。

私は二人の関係の見えた部分だけ話しましたが、現実に彼の行動にはもっとたくさんの不審な点があるはずです。

彼女は彼を失いたくないために、それを良いほうに、良いほうにと曲げて解釈していたのです。それだけに、私にさまざまな点を指摘されると、まったくその通りだと納得せずにはいられなかったようです。

火遊びはやめよう

彼と別れるようにと彼女を説得すると、素直に私の忠告を受け入れてくれました。

この女性と同じような相談は、実は少なくありません。

浮気から本気になって相談に見えるのです。

火遊びはぜったいにやめなければいけません。

隣りの芝生は美しく見えるものなのです。

■夫の浮気
妻にも十分責任があります

どうしたらいいの

四〇代半ばのご婦人でしたが、ご主人が浮気している、どうしたらよいのかという相談でした。

数カ月ほど前から、ご主人は家を出てある女性と暮らしています。

これまでも、ずいぶんトラブルがあったようで、彼女としてはもう我慢も限界というところでの相談だったようです。

ご主人にはもう離婚の意思があり、別れてほしいと言われています。それを聞いてからというもの、彼女の脳裏をかすめるのは、ご主人を殺して、自分も刺し違えるということ、それだけでした。

でも、なかなか実行に移せないで、悶々としたあげく私の前に座ったのです。

彼に帰ってきてほしい

彼女の話をじっくり聞いてから、私は言いました。

「あなた、ご主人を殺せないから相談にみえたんでしょう。ほんとうに殺せるんだったら、私に相談なんかいらないわけね。

目的は、ご主人を殺すことではなくて、彼に帰ってきてほしいのでしょう。元に戻ることを望んでいるのね」

「そうです。主人さえ戻ってきてくれたら……」

「だったら、殺すなんてことばを使うのはやめなさい。

あなたがいまのような気持ちをもっていたら、ご主人は帰ってきたくても恐ろしくて帰ってこられないでしょう。

それは、ご主人があなたの殺気を感じているからなのよ。

ご主人にすれば怖いのですよ。あなたのそばにいたたまれないでしょうね。恐ろしくて家には寄りつけないでいますよ。

戻ってほしいのが本心なら、あなたが落ち着かなければダメですよ。いまのままだとぜったいに彼は戻りません。

本人にはもう戻る気持ちがないんじゃないかしら」

ご主人の真意とは

「ちょっと待っていてね」

といって、私はご主人の真意を確かめるために、彼の魂抜き（たましいぬき）をしました。

魂抜きというのは、相手の真実の気持ちを知るときに私が用いている方法です。**ある瞬間、ときには、二、三分の間、私の魂と相手の魂と裸で直接コンタクトをとる方法です。**

この方法を使うと、相手の本心が透けて見えてきます。表面的にどんなにつくろってみても、心の中が丸裸になって見えてきます。

ご主人の心の中には、奥さんと別れる気持ちがないと見えてきました。

別れる気持ちはない

「ご主人は戻ってきますよ。

別れる気持ちもないし、近いうちにきっと帰ります。

でも、いまのあなたの気持ちのままだと時間がかかります。許す気持ち、やさしい気持ちになって、暖かくご主人を迎える心の準備から始めてくださいね。それから、ご先祖で成仏していない人がいますから、ご先祖供養もしなければいけませんよ」

一カ月ほども経たないうちに、彼女がまた私のところに来ました。

ご主人が戻ってきたというのです。

でも今度は、相手の女性からの脅しが怖くて、ご主人ともども家から出られないと訴えます。

相手の出方を待つ

「とりあえずご主人が戻ってくれてよかったですね。あなたがやさしくしてあげると、ご主人は安心してあなたのそばにいられるのです。

でも、彼女との間はまだあとを引きますね。すんなりと、『はい、サヨウナラ』でしたら、こんなありがたいことはないのですが、それほど簡単にはいかないでしょう。相手の女性がご主人を嫌いにならない限りはね。

脅迫されているご主人は、いま女性から嫌な面をこれでもか、これでもかと見せられているのです。ですから、相手の出方をじっと見ていてください。受けて立てばいいのです。相手が諦めてなにも言わなくなったら、そのときが問題解決ですね」

浮気相手からの嫌がらせ

相手の女性の嫌がらせは、電話によるものだけでした。しばらくの間、電話に出なければよいのです。

奥さんはご主人を殺そうとまで思い詰めたほどでしたから、相手の女性もまた同じ態度に出てくるのではと、ご主人ともども恐怖感におびえていたようです。

「相手の女性は大丈夫、命にかかわるようには見えていないから。何度電話がきても知らんぷりしておけば、いずれあきらめます。

心配ありませんから、いまは冷静に相手の出方に対応していくようにしてください」

浮気相手の嫌な面を、ご主人が見るとき

「しばらくの間は嫌がらせをされても、しかたがないですね。相手の女性のいい面だけ見てきたご主人は、いま、このことによって彼女の嫌な面をたっぷりと見せられているのです。だから我慢してください」

一度奥さんのもとに帰ったご主人でしたが、もし、女性の嫌な面を見なかったら、またよろよろと女性の家に出かけていたかもしれません。

脅迫というエゴイスティックな行為によって、ご主人のその女性への愛情はだんだん覚めていったようです。

このご夫婦は無事にもとのサヤにおさまってくれました。

反省という解決法

このように、浮気を騒ぎたてると、さらにエスカレートしがちなものです。不快な感情は起こってきますが、原因は必ずどこかにあるはずです。

そのことを、見きわめなければ、浮気の解決にはなりません。

まず、ご自身の反省をすることから始めます。

ご主人にとって、居心地のよい家庭をつくってあげているのかどうか。

男性は永年かかって築き上げた家庭を、それほど容易に壊すはずはないのです。

とにかくご自分がご主人にしてきたことを考え、自身の至らなさを振り返ってみることです。

それが、最善の解決法です
ご自身の反省が深まると、なすべき方向は見えてくると思います。

■朝晩の挨拶で笑える心を育てられたら

ほっとするひと言を

ぎくしゃくしない夫婦関係への戻し方

もしあなたが、ご主人にたいして、また奥さんにたいして、どうしても許せないものがある。

いつも不満が胸の中に渦巻いている。

でも、なんとかしてもう少し平和でギクシャクしない夫婦関係に戻したいとお思いでしたら、ひとつ方法があります。

いますぐにでもできる、とても簡単な方法です。

それは朝晩の挨拶を心掛けることです。

朝、起きたらすぐ、「おはよう」と声をかける、ただそれだけです。

たったひと言の挨拶からスタートする

それができたら、

「いってらっしゃい」

「ありがとう」

「おかえりなさい」

などが簡単に言えるようになるでしょう。

すべての解決は、たったひと言の挨拶からスタートし、あとは自然についてくるだけです。

挨拶ができると、笑える心がもてます。

すると、さらに自然な会話にも発展していきます。

夫婦というのは、縁があって結ばれたもの、今はいやだと思っても、きっとどこかに良いところがあったから結ばれたはずです。

そこを見て、声をかけてください。

セックスもお金も大事です

夫婦生活にはセックスも大事でしょう。

肉体的な満足はまた、精神的な満足にもつながる場合もたくさんあります。毎日喧嘩ばかりしているご夫婦でも、なかなか別れないのがふつうのようです。

さらに夫婦生活にはお金もかかわってきます。精神も肉体も結びついていないけれども、経済的に結びついているから、それでいいというひともいます。

金銭のみで続いている夫婦であっても、それでお互い納得ずみであれば、それはまた結構で、周囲がとやかくいう問題はないでしょう。

セックスであれ、お金であれ、夫婦を結びつけているものは違っていても、夫婦仲が円満ならばいいのです。

精神、肉体、お金のいずれかひとつが満たされているのなら

相談者に毎日会ってご相談を受けているなかで、夫婦関係の問題事は、精神、肉体、お金の三つが原因になっていることがほとんどです。

もし、それらのすべてが満たされていなくても、そのうちのいずれかひとつが満た

されていれば、不満をいうべきではないでしょう。

世の中にはすべてが満たされている理想的な夫婦もあるでしょうが、そのカップルは、前世での功徳の貯金をたくさんもっていて、さらに現世で功徳を積み重ねてきたひとなのです。

■病気の子どもを授かった

病気の赤ちゃんにとっての幸福や不幸

手術をしなければ、命にかかわる

三〇歳のお母さんですが、二人のお子さんがいます。

生まれて数カ月になる下のお子さんがダウン症で、さらに心臓にも欠陥があるのだそうです。

なるべく早い時期、できればここ何カ月かのうちに手術をしなければ、命にかかわるとお医者さんにいわれています。

病気の赤ちゃんのお母さんとおばあさんがいっしょにみえて、心臓の手術をすべきかどうか教えてほしいといいます。

私の前に二人が座った途端、彼女たちが

「この病気の子どもが早く死んでくれれば……」

と願っているのがみえました。

「あなたがたは、そのダウン症の赤ちゃんが死んでくれればいいと願っているでしょう。私には、そのようにみえます。お医者さんが勧める手術を拒否していますね」

率直にそのように話しました。

すると、おばあさんが口を開きました。

「そのように考えていないといえば、ウソになります。でも、孫が生きていても、育てる家族はもちろん、本人だって不幸で、つらいだけではないでしょうか」

そのことばを聞いて、私は憤りを感じました。

「あなたがたがそう思うだけであって、病気の赤ちゃんにとっての幸福や不幸は、あなたがたが決めるべきではないでしょう」

神様が決めること

「それは神様が決めることなのです。

ダウン症であろうとなかろうと、生まれてきた赤ちゃんには、そうならなければならない前世があったのですよ。

生かすとか殺すとかは、あなたがたが判断するべきではありません。手術を拒否すれば、あなたがたは、殺人を犯したと同じことでしょう。病院側の言うように手術すべきではないでしょうか」

お母さんもおばあさんも、私のいうことを納得できないようでしたから、私はさらにお話ししました。

でも、二人とも手術には同意しません。

病気の子どもを葬り去ろうとする母娘の生き方こそ、エゴイズムと呼ぶにふさわしいのです。自分たちが苦労するのが嫌だから、邪魔なものはすべて目の前から排除しようという考えです。

自分たちが苦労するというのをカモフラージュするために、「手術によって生かしてもこの子が苦労するだけだから」という詭弁をつかっています。

赤ちゃんにとっては、苦労かどうかはわからないはずでしょう。

与えられた命を生きる権利

だれもが与えられた命を生きる権利をもっています。

その権利を自分に都合が悪いからといって奪ってしまうのであれば、神仏はぜったいに許しません。

それはエゴ以外のなにものでもないのです。

彼女たちをできるだけ説得しましたが、完全に納得してもらうというわけにはいきませんでした。

不治の病で苦しむお子さんをもっている方はたくさんいらっしゃるでしょう。もし、そのような子どもを授かったら、両親として最善を尽くさなければならないのです。

それがそのような子どもにかかわっている方々の修行なのですから。

私たちは生きている間中、修行を続けていかなければならないのです。

人生という「修行の場」を与えていただいている

病気の赤ちゃんを授かった身内の方は、このような修行の場を神様によって与えられたのですから、謙虚にそれを受け止めて、感謝しながら、お子さんに愛情を注いであげてほしいのです。

私の説得にうつむいていた母娘は、しばらくして頭をあげました。

「どれくらいというか、いつまで生きるのでしょう。先生には見えているのでしょう。

教えてください」

私は申し上げませんでした。彼女たちは私の必死の説得にもかかわらず、その赤ちゃんが明日にでも死んでくれればいいと願っているのです。

私は最後にもう一度だけ忠告しました。

「あなたがたにかかわったものを、最善を尽くして大事にしてくださいね」

それぞれの修行の場を、私たちは神仏によって与えられています。

それが病気だったり、お金だったり、人間関係だったりするわけです。

彼女たちがいまなすべきことは、不治の病いをもつわが子にかぎりなく慈しむ心をもつことなのです。

「生老病死」（四苦）とは、
「生まれる」
「老いる」
「病気になる」
「死ぬ」という、
誰もが避けられない
人生の苦しみを指します。
悩みや苦しみに直面したとき、
どうすれば乗り越えられるのでしょう。

「母の死」を考え続けて……

私の若い友人は子供の頃から、「死とは何か」ということを考えていました。というのも、彼女が生まれてから三年後に、彼女の母親は癌で亡くなったからです。

社会人になってからある本に出会いました。

その本には、

「人は死後も、あの世で生き続けている」と書いてありました。

そして、人間は「魂修行」のために何度もこの世に生まれ変わってくるということを知ったのです。

人間の本当の幸福は、人生を通して魂を磨いていくことにある。

ならば、「生老病死」にも意味があるのだと理解できました。

「生」とは「新しい人生を与えられて成長できる喜び」

「老」とは「変化する環境のなかで学べる喜び」

「病」とは「自分の心を見つめる成長の機会」

あの世を知れば、「死の恐怖」や「死別の悲しみ」も乗り越えられるのです。

悩みや苦しみは単なる不幸ではなく、

魂の喜びに変えられるものです。

愛は、すべてを解決してくれる。
「答えは、愛」だったんですね

認知症介護を乗り越えて

■主人がいつのまにか惚けていた
まじめで、自分を抑える傾向の人におこったこと

パパがおかしい

主人は七九歳で亡くなりました。そろそろ三回忌を迎えます。

糖尿病の予備軍だったので、合併症が起こらないか心配していたのです。時々、話が噛み合わなくなって、おかしいなぁと感じるようになっていました。二〇年ぐらい前からでしょうか。

その頃、私は札幌と東京を行き来していたので、札幌の自宅を留守にすることも多かったのです。

それで、毎日電話で、話をするようにしていました。

「パパがおかしい」

息子が最初に気がつきました。

「パパの言うこと、なんだかおかしいよ」

男同士だから、そんなに話をするわけではありません。それで気がつくのが遅れたのかもしれませんが、パパの異常に気がついたのは、息子が先でした。

夫婦であれば、ここまでは許せるという範囲があるけれど、子どもは親に対してストレートだから、

「今までのパパはこうだったのに、違うことを言うようになった、おかしいよ」

私が、札幌と東京を行ったり来たりしている間に、主人の調子は悪くなっていたのかもしれません。

お金への執着

病院に連れていっても、その時に、急に言葉や意識が明確になることもあって、病院の先生にも、「ふつうですね、大丈夫ですよ」と言われました。

家族がどれほど心配しているか、病院の先生たちには、なかなかわかりません。

主人は神経質な人でした。私も体が弱くて、何かあったら困るなぁと思っていました。失敗させたくないと思っていたのは、お金のことでした。お金への執着がありましたから。

主人は、チヤホヤされると、気持ちが大きくなるところがありました。

私が仕事で、しばらく札幌の自宅を離れていると、親類縁者が断りもなく何人もやってきて、お金の無心をするようでした。

その当時、主人には、親しくしていた友人が近くにいなくて、話し相手が、私と息子くらいだったので、人の優しさに飢えていたのでしょうか。誰でも優しくされるといい気分になりますが、主人には、それが真実か偽りかがわからなくなっていました。チヤホヤされて、言われるままに、お金を貸し、あちらこちらに連れ回されて物を買い与えるようになった。大きな買い物もあったようで、それが、毎日のことになっていったのです。

主人はお金がなくなるので、私に電話してくる。

そして、気が狂ったみたいに、同じことを繰り返したり、大きな声を出したりして、自分の主張を通そうとする。そんなことが続きました。

「家族に騙されている」

身近な親類縁者が、何人もいて、彼らは、主人が病気とは思っていなかったようでしたが、利用できると思って、たびたび主人の金をあてにするようになったのです。

そして、だんだんに症状が悪化していくと、彼らは見向きもしなくなったのです。

お金も持たないし、話も理解できないということになって……。

認知症は怖い。国は何もしてくれない。

病院も何もしてくれない。

しかも、病院でこんなことがありました。

かかりつけの医師のところへ主人が行くと、看護師さんが、

「あなたは大丈夫ですよ。

家族に騙されている」

こう、言われたらしいのです。それで、あるときから、私の言うことも、先生の言うことも聞かなくなりました。

厚生病院なので、看護師さんのことを悪く言えない雰囲気があります。

「自分は監視されている」

そう思い込むようになって、私のことも医師の先生のことも敵視して、誰も信じなくなってしまったのです。

不信という地獄

暴力なら、警察を呼べば、解決されます。

しかし、不信に陥った人間との絡まった人間関係は地獄だと思います。

いろいろな地獄があるけれど、私の体験した中では、この不信という人間関係は、一番の地獄だと思います。

不信に陥った人間でも、拠りどころとする言葉があるのです。

主人の場合は、看護師さんの言葉でした。自分に都合の良い言葉しか聞かない。

主人の中での価値判断は、次のように作られたのです。

- 看護師さんは良い
- 担当医は悪い奴
- 家内は悪い立場

こうして、私のことも、病院のことも信じなくなりました。

目つきが急に変わり、動物的な、ギラギラした目となるのです。認知症にも、大人しい認知と、凶暴な認知がありますが、後者でした。

家族だけが辛い

法的には、後見人制度があるので、頼ってみることにしました。

弁護士さんにお願いして、裁判所へいく書類を作成してもらうことにしたのですが、こんなときに限ってというか、今までおかしかったのに、急に毅然とした態度になり、普通に戻るのです。

変なときに、正常に戻るので、私が嘘を言って、後見人になろうとしているかのように、弁護士さんには見えてしまいます。

「もう少し待ちましょう」

弁護士さんは、そう言いました。弁護士さんも、変なことをすると資格剥奪されることがあるから、どうしても自分を守るために慎重になる。病院も責任を取らされるので、立場を守ろうとする。

家族だけが辛い立場に立たされました。

症状が悪化

そのうち、症状が悪化してきて、夜中でも電話してくるようになりました。

きっと、他の人にも電話したりしていたのだと思います。しかしいつのまにか、誰も相手にしてくれなくなっていました。

みんなに迷惑をかけているのがわかったので、札幌から、東京の自宅に連れてきました。

その頃には、お風呂から出てくることもできなくなっていました。

私は非力なので、主人を抱き抱えて、お風呂から出すこともできなくて、いったんお風呂の水を全部抜いて、それから主人を抱き起こしていました。

私も、仕事があったので、東京の自宅でも見てあげることができなくなって、信頼できるドクターに頼んで、八王子の病院の精神科を紹介してもらうことにしました。

先生は最初、主人の症状を診て、

「これだけ難病の方は助けられない」

と入院を断られました。

「これだけの重篤の症状では、薬を使っても治らない」

「いつまで生きるかわからない人に、お金を使いたくない」

キッパリと言われました。

しかし、帰ろうとする間際に、私たちが困っていることを理解してくださり、また、先生の先輩医師の紹介状を持参していたので、それが決め手になって、入院を許可してくれました。

認知症になる因果関係、原因とは

主人が認知症になったのは、なぜなんだろうと考えてみました。

私なりの結論ですが、認知症になる人には、二つの要因があるかもしれないと思うようになりました。

ひとつは、「愛に飢えている人」なのかもしれません。

例えば、子ども時代に寂しかった人。愛情に不足していた人が認知症になるようです。そう簡単に結論付けてはいけないかもしれませんが。

もうひとつは、頑張り屋です。

真面目一方な方にも、認知症になる方は多いようです。

我慢に我慢を重ねてきた人ほど、認知症にかかりやすいと思います。

逆に、自分を発散した人。家庭内で、暴力を振るったり、わがままだったりした人は、確率的に認知症になっていないようです。

もちろん、これは、私の経験や見聞したことから推察していることで、ハッキリとそうだとは断定できませんが。

力を抜くこと、楽しむこと

ある若者が水墨画を描くことで、心の内側を見つめる小説が、最近ベストセラーになっています。

彼が、最初に師の前で墨をする場面が出てきますが、どうしても力んで真面目に力一杯、墨を擦る主人公。すると師はあまりいい顔をしません。

逆にいい加減に擦った墨、不真面目だが、力を抜いた墨が好いのだと教えてくれる。その違いは、墨の粒子が違うのだという。

生真面目に力を入れて擦ると、細やかな粒子にならないというのです。

「自然」

これが大事なのだという。

力を抜くことが技術、つまり、大切なポイントなのだという。

「真面目というのはね、悪くないけど、少なくとも自然じゃない」

これは、生き方にも当てはまるのかもしれません。

「あなたがいちばん優しい人」

東京に主人を連れてきたとき、主人も私も、もう一度札幌に帰れると思っていました。

しかし、それは叶いませんでした。

主人は、最後は穏やかでした。

私のことを
「いちばん優しい人」

「あなたが、一番優しい人」

と言うようになりました。

私は変わっていないのに、周りが変わったので、そう見えたのでしょうか。

「あなたは優しいなぁ」

「あなたは優しいなぁ」

そう言い続けて、主人は亡くなったのです。
それが、私には救いでした。
変わらない家族の心、愛の心がいちばん大事だと思います。

愛すること

愛は、すべてを解決してくれる。
「答えは、愛」だったんですね。
主人が亡くなってから、毎日、主人の夢を見ています。
心配事があると、夢の中で教えてくれます。
二〇一九年の一二月一七日で丸二年になりますが、いつも、主人と一緒です。

■隠れて食べる人

仏教からキリスト教に改宗した方

霊的な影響でボケる方もいます。それは浄めると治ります。

長年見てきた人で、ボケた方がいます。その方は、もともとは仏教だったのに、キリスト教に改宗した方。お子様は仏教でした。

急におかしくなった。

夜中に起きて、一人で食べる。

隠れて食べる。

認知症では、隠れて食べることが、症状としては多いようですね。

その方は真面目で、良い方でしたが、仏教からキリスト教に変わったので、供養が足りなかったのでしょう。

「七七に誘われて」というくらい、仏教は事細かく供養をしますが、キリスト教では供養をあまりしません。その方は教会へ行って、お祈りはしていたが、それでは足りなかったのです。

ある日、何処かへ出かけて、帰ってこない。探し出して連れ帰るのですが、元気なので、外へ出たら、それっきり帰ってこない。

ある日、とうとう、どこに行ったかわからなくなって、帰ってきませんでした。冬に向かっていたので、東北の方へ行ってしまったら、凍えて死んでしまいます。所持金もないはずだし、心当たりのところにもいないということで、心配になった家族から、相談されました。

そのとき思ったのは、家族が冷たかったのかなぁという思いです。

霊的な認知症は一過性

私はまず、
①その方のご供養をして、足留めをした。
②次に、死んでいるか、死んでいないかを尋ねた。
「生きている」という答えでした。
③連絡をしてくれるようにお願いをした。

④すると、霧が払われたようになってくる。
⑤さらに、その方の供養だけではなく、ご先祖の供養、いちばん身近な人の供養をした。

認知症の場合、霊的な影響があるものは一過性です。

霊的でない認知症は育ち方かなと思います。

私の主人のことで言えば、一七歳の時に、おじいちゃんのところに養子に行ったのです。男の子で寂しがり屋だったのだけれど、親に迷惑をかけたくないという思いがあって、「がんばろう」という気持ちで生きてきたと言っていました。

育った環境や、張りつめて生きてきている過度の緊張がもたらす認知症は、ボケと同じだから、治りにくいのでしょう。

核家族化の弊害?

認知症はもとは、老齢化してボケてくること。それが現代では高齢化して認知症という病気になったのです。

核家族化して、家族で面倒を見る習慣が希薄になってしまったので、神様が、家族の絆を思い出しなさいと言ってくださっているのではないでしょうか。

認知症は「家族愛」がテーマなのです。

■秘密を、そっと人に漏らす人

もう一人、認知症の方を思い出しました。その方は、普段からきちんとした方で、昔のことなどよく覚えている方でした。

若い頃、神学校の寮に入り、一カ月に一度しか家に帰れない。

それでも、お父様には、とても感謝していました。

卒業後、お医者さんと結婚され、幸せに暮らしていました。

出会った頃は、お年を召して、ご主人も他界されていました。

きちんとした方だったけれど、あるとき、ギョッとするようなことがありました。

雑談していたのに、急にその方は、秘密めかした言い方で、

「ちょっと、待っていてね」

と言って、部屋を出て行かれました。

そして、しばらくしてから、薬などを入れる大きめのアルミ缶みたいなものを二つ持ってきて、

「これ、何かわかるかしら」

と尋ねるのです。

「わからないわ、何ですか、これは」

「わからないわよね、そうよね。これね、青酸カリなの」

「劇薬の青酸カリをいっぱいとってあるの、誰にも言わないでね。危ないから」

ご主人に託されて

実は、その方の家族から相談されていたので、私はそれが何か知っていましたが、知らないふりをして、聞きました。ご家族からは、

「家族が、取りあげようとしても、どこに隠しているか、教えてくれないんです」

「見つかったら、取り上げてください」

そう言われていたので、

「これは、もう使えなくなっている」

と説明して、私が二缶預かることにしました。

そして、即、お嫁さんに渡して、処分してもらったのです。

これは、本人の名誉のために言っておきますが、彼女が人を殺傷する目的で、持っていたものでないのです。

「これは、危ないものだからと、主人に言われたので、ずっと持っていたのよ」

ボケてきたけれど、ご主人に託されたことを覚えていたので、青酸カリをずっと自分で保管して、人からの害悪から守ろうとされていたのです。りっぱですね。

明日は我が身と思うこと

認知症状にもいろいろなケースがあるけど、明日は我が身かもしれない。因果はめぐりますからね。

だから、きついことを言うのは、一切やめようと、私は思っています。

自分は、今できる限りのことをしてあげよう。

優しくしてあげよう。

認知症の方々は、ボケて、子どもがえりしている。生まれたときの赤ちゃんと同じようなものなのです。

何もわからない赤ちゃんには、ウンチをしたからと言って、怒ったり、お尻をたたいたりしないでしょ。優しくしてあげることしかしないでしょう。

赤ちゃんに笑顔を向けると、嬉しそうな笑顔が返ってくるように。

それが、また、嬉しくなるように。

ボケて赤ちゃんがえりしている認知症の方々には、なによりも家族愛、夫婦愛を降り注いで、幸せにしてあげましょう。

「愛」がすべての鍵なのです。

愛する
ということを考えて
ご覧なさい

私はご主人に自信をつけさせてあげるのが
いちばんの治療法とお教えしました。
それもお子さんも巻き込んで一家全員でするべきだと
アドバイスしました。

家族全員の協力なしに、病人の再生はありません。
家族のなかにひとりでも
非難がましいことばを吐くひとがいれば、
回復が遅れます。
周囲の思いやりが「快復」のカギです。

■鬱病の人に
家族みんなの思いやりがいちばんの薬

突然の電話

単身赴任で東京で一人暮らしをしていたご主人の会社から、地方に住む奥さんに、ご主人が倒れて入院したと電話が入りました。

ご主人は四〇歳を少しすぎたぐらいですが、それまで病気とはまったく縁がなかっただけに、奥さんもびっくり。

取るものもとりあえず東京へと駆けつけました。ご主人が入院しているのが精神病院だったので奥さんは二度びっくり、鬱病という病院の診断でした。

入院して一カ月過ぎても、回復のメドがまったくつきません。

ますます悪化しているようにも見受けられるのです。

奥さんにすれば、中学生の息子さんを地方の実家にあずけたまま一カ月、東京でご主人の看病をしてみたものの、好転のきざしが見えないので、なんとかしなければと、家族の住む地方の病院に転院させました。

そこで半年くらい治療をつづけた結果、どうにか病気そのものは回復したように見えたのです。

エリート社員だった

ご主人は有名大学出身の、いわゆるエリート社員です。出世街道をひた走りに走ってきたタイプでした。

病気も回復していざ会社に復帰という段になると、会社に行くのはもうイヤだ、同僚の顔も見たくない、仕事をつづける気もなくなったと訴えるのです。

数カ月のごたごたの末、退職してしまいました。

一年間遊んで暮らしたあとで、別の会社に職を見つけて就職しましたが、長くは続きません。

一流会社に勤めていた彼にとっては、地方の中小企業は仕事内容、人間関係、さらに給料にいたるまで満足のいかないことばかりで、勤めが続かないのです。数回の入退社を繰り返しました。

温かく観察

奥さんは非常に賢い女性で、ご主人が会社をやめようとどうしようと、じっと静かに温かい目で眺めていました。

病気の彼を思って、とりあえずダマっていようと決め、非難がましいことばはいっさい口にはだしませんでした。

かといって、彼を無視していたのでもなく、距離を置きながら注意深く観察していました。

二年ほど遊んだあと、ご主人のほうから、ふっと、

「仕事をしようかな」

と言いだしたそうです。もともと能力のあるご主人ですから、ヤル気にさえなればいい仕事だって見つかります。

一家全員で、自信をつけさせる

ご主人がすっかり回復したと見てとった奥さんは、

「お父さんだったら大丈夫よ。きっとやれる！」

と、彼に自信をもたせるようにと仕向けるようにしたのです。

とくに頑張りなさいと尻をたたくでもなく、自然に、ここぞというタイミングを見計らって自信を回復させるようにともっていったのです。

ご主人が会社をやめてブラブラしている間、そのことで悩んだ奥さんが相談に見えたとき、私は**ご主人に自信をつけさせてあげるのがいちばんの治療法**とお教えしました。

それもお子さんも巻き込んで一家全員でするべきだとアドバイスしました。子どもは二人とも男の子です。「ダメ親父のレッテルを貼ったりしないで、『さすが、お父さんは……』と、できるだけお父さんをもちあげる雰囲気づくりをするようにね」と勧めました。

周囲の思いやりが「快復」のカギ

このような場合、家族全員の強力なしに、病人の再生はありません。家族のなかにひとりでも非難がましいことばを吐くひとがいれば、回復が遅れます。

鬱状態の病気のひとには、ちょっとしたキツいことばや態度もきびしく響きますから、周囲の思いやりが回復へのカギをにぎっていると、奥さんにはくれぐれも注意しておきました。

エリート社員で何十年もやってき人は、とかくプライドが高いもの、彼も病気になるまで挫折の経験がなかったのでしょう。

そのようなひとは、いったん挫折すると立ち直るまでに時間がかかります。立ち直ったようにみえてもまた元の状態に戻るといった例も少なくありません。彼の場合は奥さんの対応がよかったために、病気から四、五年経っても再発もなく、現在も元気で働いています。

病気の悩みはとくに、家族みんなの思いやりがいちばんの薬です。

どうしたらみんなでいっしょにその病気に取り組めるか、その方向で治療に励んだ家族はほとんど、傷を深くする前に病人を立ち直らせています。

とくに、一家の主婦の賢明さが、「快復」へのポイントになります。

■植物人間の人に
心を尽くすこと

霊視してみた

調べてみると、彼が目を開けている様子が見えています。

それで、私はきっとよくなると確信をもって彼女にそう伝えました。事実、私がいった通りに、彼は一週間ほどで目を開けました。動くものを目で追うようになったのです。

ことばを発したり、体を動かしたりはまだできないのですが、彼女にすれば目が動いただけでも嬉しくて有頂天です。

早速、私に報告にきました。

「やっと、目を動かせるようになったんです。でも、体はぜんぜん動きませんし、ただ、管から栄養を入れているだけなのです。目が開いただけでも嬉しいのですが、こうなると欲がでてしまって」

「そうですね、いまよりずっと回復しますから安心してね。もうあなたが話している内容をすべて理解できますよ。試してごらんなさい。あなたにすれば、まだ、植物人間と同じでしょうが、みんなわかっていますよ。しゃべれないだけですから」

植物人間の状態で、話が理解できるのか？

「私が言うことばを、彼はほんとうにわかるのでしょうか」

「わかっていますから、合図をつくって試してごらんなさいよ」

「だって、手も足も動かないし、ことばもしゃべれないのに、どうすればいいのでしょう」

「ぜったいになんらかの反応があるはずです。とにかく、一生懸命にことばをかけてみてください。かならず、なんらかの反応を示しますから。たとえば、足をさすっている間に、ことばをかけてみたらどうかしら」

反応がある

ことばが理解できると言われて、彼女はすぐ確かめてみたくなってしまいました。

私の家をでてからまっすぐに彼の入院している病院へと駆けつけ、彼に訴えたのです。

「あなた、もし、私の言うことがわかったら、足の指を動かしてみてください」

驚いたことに、彼の親指がピクピクと動いたのだそうです。

彼女はそれですっかり自信をつけました。

「あなた、聞こえているんですね！」

彼の足の親指がまたピクピクと動きます。

指で応えていたのでした。こんどこそ、「しっかりとことばが理解できる」と、彼女は確信をもちました。

こうなると早く治してあげたいとさらに勇気がでてきます。

話しかけることを日課にした

とにかく彼のそばにいて、できるだけ話しかけるのを毎日の重要な日課に取り入れました。

足の指が動くようになると、こんどは目の動きに挑戦してみました。

「私の言うことで、もし、違っていたらまばたきを一回して。正しかったら、目を二回つぶってみて」

そういうと、彼はそのとおりに反応を示すのです。

「わかるんですよ」

と彼女は、新しい発見があると、すぐに私に報告にきてくれるのでした。

私にとっても、よい報告がとても待ち遠しかったのを覚えています。

体が自由にならないからといって、
ことばが発せられないからといって、
植物人間のように呼吸しているだけだからといって、
ことばを理解していないと思ったら大間違いです。
本当はわかっているのです。
心を尽くせば、どのような相手だって応えてくれます。
植物人間とかボケ老人とかいわれているひとにも、
やさしいことばをかけてあげましょう。
相手のいうことばを、心から受け止めてさしあげましょう。

■脳梗塞や認知症の人には
やさしい言葉が第一

なにをやっても無駄という医者

「病人にはわかるはずがないですよ」

「わからないんだから、やってもムダ」

家族が一生懸命に病人に話しかけ、一喜一憂しているのをそばで見ていたお医者さんや看護婦さんたちは、いつも言っていました。周囲の人もみんな呆れ顔でいます。

そのような周りの態度など気にもとめず、

「治るから、できるだけ話しかけてみて」

という私のアドバイスを頼りに実行し続けた方がいます。

私は、家族が病人のそばでことばをかけるとき、ひとつのことをくれぐれも気をつけるようにと念を押しました。

希望を語ること

「彼は周囲で話していることが全部わかっているのだから、ぜったいに変なことを言ってはいけません。とにかく希望をもてることだけを話しかけてあげると、それだけどんどんよくなっていくから、つづけてごらんなさい」

一カ月が過ぎました。見違えるほどの回復ぶりです。手足が動くのはもちろんのこと、目もはっきりと見えてきました。そして体が動き、首も回るようになったのです。

彼が脳梗塞で倒れたと聞いて初めて調べたときに、まったく脳が冒されているとはみえませんでした。

血管がつまっていて、機能が果たせない状態ではあったのですが、その周辺が真っ黒にみえていなかったので、これは回復すると確信したのです。

はっきりと彼が手足を動かしている状態や笑顔を見せて会話しているのがみえていました。

死の影がまったくなかったのです。

だからすぐに、

「大丈夫ですよ。いまは意識不明でも、死がみえていないときには治りますから。目も開きますし、少しずつ反応もでてきますよ」

　とアドバイスできました。

ボケた人への話し方

　この例からもわかるように、ボケたように見えるご老人にも、

「うちのおばあちゃん、ボケてしまって……」

　などと、おばあちゃんのそばで、ぜったいに言ってはいけません。

　ボケたおばあちゃんのお世話をしている人が、おばあちゃんをひどく叱っているのに出会ったりします。

「まあ、こんな食べ方をして……。きたないじゃないの。あーあ、きたない！」

　それを聞いたおばあちゃんは、付添人をにらみつけます。

　ものすごく恨みに満ちた目です。

　おばあちゃんはさらに、口に入れた御飯をだしたりして、付添人を困らせ怒らせようとしているのです。

　彼女には反抗しようという意識がしっかりとあります。

反対にやさしくしてあげると、それだけの気持ちを受け止める意識はもっているのです。

ボケたと言われている人は、自分にとって都合の悪いことはすべて、聞きたくないし、話したくないだけです。

ボケを装うことによって、自分を殻のなかに閉じ込めているだけで、そのほうがラクなのです。

心を尽くすこと

このように、私たちはともすると、病人を健康な自分の物差しでとらえがちです。

体が自由にならないからといって、ことばが発せられないからといって、植物人間のように呼吸しているだけだからといって、ことばを理解していないと思ったら大間違いです。

本当はわかっているのです。

心を尽くせば、どのような相手だって応えてくれます。

植物人間とかボケ老人とか言われているひとにも、やさしいことばをかけてあげましょう。
相手のいうことばを、心から受け止めてさしあげたいものです。

おわりに

いま与えられている平穏こそ第一と思える心を

当たり前のことに、感謝する気持ち

日常生活がどうにか送れていることを、当たり前だと思わないでほしいのです。家族が健康で暮らせるのも当たり前、ご自分が健康なのも当たり前だと考えていらっしゃる方はいませんか。当たり前のなかで生活をしているから、不満が生じてくるのです。

一家が健康でいられることは、神仏、つまり、ご先祖のお守りがあるからであって、決して当たり前だと思ってはいけないのです。

それらのお陰で元気でいられるという感謝の気持ちが、さらにご家族の健康を守ってもらう力になります。

家族が健康であることに、感謝できていますか

この世には病気で苦しんでおられる方がたくさんいます。健康な日常生活を営めるだけで、感謝の気持ちをもたなければバチが当たります。それが当たり前であると勘違いするところに、問題がでてくるのです。そのようなひとに限って、病気になると、どうして自分だけこうなってしまったのだろうと、不幸だ不幸だと嘆きます。感謝する心をもってほしいのです。

家族が元気で暮らせることへの感謝を、いつも忘れないでください。病気で入院でもしたら、だまっていてもお金はでていってしまうでしょう。健康で暮らせるだけで貯金をしているのと同じだと、私は口をすっぱくして言っています。

あなたがいま健康でいられるだけで、どれほど感謝しなければならないか、そこに気づいてほしいのです。

守護神や守護霊の手

ご自分にかかわっている守護神や守護霊は、いつも守ろうとして手をさしのべています。どんなに手をさしのべても、それに気づかずそれを無視する態度を示したら、

神仏は救うことができません。

人間というのはエゴイスティックな生き物ですから、飽くことなく、より高い幸せ、いま以上に納得のいく幸せを求めようとします。

でもいま、与えられている身の回りの平穏こそ第一と考え、それ以上のものが与えられたら、すべて有難いと受け止めるのが、幸せを実感できる最良の道でしょう。

寿命は神様の御心で定められるべきもの

神さまは私たちが必要であるからこそ、この地上に生命をつかわしたのです。

寿命もまた神さまの御心によって定められるべきもの、自分の意思によってどうこうできるものではありません。

短命であったからといって、そのひとの一生が不幸だったとは言いきれません。現世での期間が短かった、霊界で過ごしたほうが長かったかというだけです。

それは私たち人間が支配できるものではないのです。

できるだけ長くここにいたいと思うのは人間の心であって、神さまの目からみたら、霊界もこの現世も同じものだろうと思われます。

神さまにとっては霊界と現世の区別などまったくなきに等しい

生きているひとは、現実に死を迎えて肉体が滅びる悲しみを味わうだけですが、死んで霊界に入ってしまったひとにとっては、肉体が滅びてしまっても霊が存在しているわけですから、生きているひとが死を悲しむほどには悲しいわけではありません。

でも、まだ幼い子を残して霊界に入ってしまった若い母親などは、いっしょに暮らしていけなくなった子どもへの思いから、後ろ髪をひかれています。

また、事業半ばで死んでいかざるをえなかった人にとっても、やり残したことが大きいものであればあるほど、霊界での無念さもつのるでしょう。

でも、それらはすべて神さまが采配をふるっているのであって、私たちがどうこういえる問題ではありません。

早く亡くなったからといって、そのひとの功徳が足りなかったかというと、それはそうではありません。現世に生まれるもの、死んで霊界にいくもの、すべて神からの指令であり、神がそれを必要となさるからなさっているのです。

功徳は前世で積んできたでしょうし、現世でも、霊界でも積めます。どこで積んでもよいのですが、現世で積むのがいちばん楽なのです。

ですから、私はいつも現世でできるだけ功徳を積んで、貯金をたくわえておいてくださいと言っているのです。

全力投球して、悔いを残さない生き方

人間は自分の死期をはっきり認識できるものではありません。

したがって、全力投球して悔いを残さない生き方ができたら、それは本望でしょう。その日を精一杯生きていく、そうすれば二〇歳で死のうが、八〇歳まで生きようが、年月の長短については問題がないはずです。

エネルギーを燃やしつづけて力尽きて死ぬか、日々を漠然と過ごして長らえるか、それは個人の選択にまかせるべきでしょう。

生死の時期については神の采配にまかせなければなりませんが、功徳という面から判断するとき、精一杯生きるほうが功徳をたくさん積めると確実にいえます。

手抜きをしてはいけません。今日一日生きる喜びを噛みしめながら生き、この世で功徳を積みたいものです。

今日も明るく一歩を進めましょう。
あなたの人生が輝くこと
神霊は、それを一番望んでいます。

出雲佐代子の
霊は語る

著　者　出雲佐代子
発行者　真船美保子
発行所　KK ロングセラーズ
東京都新宿区高田馬場 2-1-2　〒 169-0075
電話（03）3204-5161（代）　振替　00120-7-145737
http://www.kklong.co.jp

印　刷　大日本印刷（株）
製　本　（株）難波製本
落丁・乱丁はお取り替えいたします。※定価と発行日はカバーに表示してあります。
ISBN978-4-8454-2449-8　Printed In Japan 2020